LA PETITE NOIRCEUR

DU MÊME AUTEUR

Le mythe de Nelligan, essai, (1981)

JEAN LAROSE

LA PETITE NOIRCEUR

essais

BORÉAL

Données de catalogage avant publication (Canada)
Larose, Jean, 1948-

   La petite noirceur

   (Collection Papiers collés)

   ISBN 2-89052-182-6

   I. Titre. II. Collection.

PS8573A7362P48 1987   C844'.54   C87-096030-X
PS9573A7362P48 1987
PS3919.2.L37P48 1987

Photo de la couverture: Sophie Zahlan de Cayetti

Diffusion pour le Québec: Dimédia, 539, boul. Lebeau, Saint-Laurent (Québec), H4N 1S2. *Diffusion pour la France:* Distique, 17, rue Hoche, 92240 Malakoff.

© Les Éditions du Boréal, 5450, ch. de la Côte-des-Neiges, Bureau 212, Montréal H3T 1Y6.

Dépôt légal: 3ᵉ trimestre 1987. Bibliothèque nationale du Québec.

*À mes frères,
François, Hubert, Patrice.*

SAVOIR ET SEXE

dans *Le déclin de l'empire américain*

Des films d'Arcand, comme des pièces de Tremblay, on pourrait dire qu'ils se complaisent ou se consacrent au mauvais goût québécois — sans qu'on puisse discerner si ce mauvais goût appartient aux personnages seulement, ou également à la manière de les présenter. Le mauvais goût, ou la «quétainerie», représente finalement chez Arcand le seul critère du jugement. Profonde, existentielle même, la quétainerie inspire une sorte de dégoût paternaliste à ceux qui ne sont pas quétaines (un peu comme les pauvres répugnent aux nouveaux riches).

    Cela va beaucoup plus loin qu'une simple condamnation esthétique (à moins de donner au terme «esthétique» le sens qu'il prendra plus loin dans ce livre, avec la proposition selon laquelle *pour le nationalisme, la nation est un phénomène esthétique*). Dans un précédent film, *Le confort et l'indifférence,* Arcand a élevé le mauvais goût au rang de critère pour juger du choix référendaire: les Québécois qui ne connaissent pas le goût ont voté NON, peut-être même ont-ils voté NON parce qu'ils n'ont pas de goût (on dirait que les sous-sols décorés de palmiers en plastique appartiennent toujours à des fédéralistes). Depuis Clémence Desrochers, cette habitude du jugement de valeur sur la base du jugement de goût a été répandue par les humoristes; elle explique que les «générations culturelles» diffèrent par l'humour autant que par la politique. Cela va jusqu'au point où l'humour québécois des années 1980 est d'une espèce nouvelle: un humour sans esprit qui reproduit sans distance le grotesque et le ridicule, et qui donne à la fin l'humour atroce de Ding et Dong — le ridicule universel, qui fait rire parce que c'est pas drôle...

Arcand travaille *à distance* et *sur la distance*. Ce qui signifie qu'il travaille dans la crise de la culture québécoise. Travailler *dans* la crise de la culture, pour un cinéaste comme Arcand, c'est représenter ce qui sépare sa propre classe, celle des petits-bourgeois nouveaux instruits (et celle qui, depuis la Révolution tranquille, rit du mauvais goût des autres), des quétaines.

Dans *Le déclin de l'empire américain,* Arcand a donc bouclé la boucle du mauvais goût, en rabattant son ironie sur le milieu qui a politisé le jugement de goût au Québec. Aussi la distance, ou la différence, ne se signale-t-elle pas dans le film par un écart dans le goût, mais dans le «savoir».

La femme de Rémy, Louise, incarne cette différence inconsciente d'elle-même. Elle correspond, dans nos années de petite noirceur, à ce que représentait naguère maman Plouffe: la mère ignorante, aliénée et totonne qui, dans le sommeil du sexe et de la raison, distille la colle qui fait tenir la famille. Louise est fidèle, idéaliste et romantique, en contraste avec le «réalisme» cynique des autres. Dans ce milieu cultivé et jouisseur, elle est doublement dépassée. Sur le plan intellectuel, elle ne fait pas le poids; à la manière ordinaire de ceux qui s'instruisent dans les magazines et devant la télévision, elle confond dans la discussion le droit à l'opinion avec l'autorité du savoir. Contre la thèse de Dominique sur le «déclin», elle a cet argument qui n'est jamais qu'un aveu d'incompétence intellectuelle: «Je suis sûre qu'il y a des savants qui pourraient prouver exactement le contraire...» Est-ce un hasard si cette infériorité intellectuelle coïncide avec son «innocence» sexuelle? Elle seule ignore que son mari a «baisé la ville de Montréal».

En réalité, le film repose d'un bout à l'autre sur un rapprochement réducteur de la pensée et de la «baise». La femme de Rémy ignore l'une et l'autre; Dominique maîtrise les deux, et c'est pour «planter» l'ignorante qui l'a bêtement contestée sur le plan intellectuel qu'elle lui inflige la terrible révélation d'une infidélité de son mari. Une conversation surprise par hasard (mais arrangée par le gars des vues) achève de briser «l'inconscience» de Louise.

Dans la logique symbolique de ce film, «briser l'inconscience» signifie liquider le passé, et ceci dans un double sens: en finir avec le mensonge qui protégeait l'illusion de l'harmonie familiale — ou sociale —, mais aussi démasquer les précautions, les formes, les manières — la culture — d'une espèce de *savoir vivre* avec le mensonge. L'exécution sadique de la femme de Rémy manifeste à un premier niveau le type de rapports entretenus dans le film entre le savoir et le sexe: apprendre quelque chose du sexe, ce serait perdre ses «illusions», sortir de «l'inconscience», comme si le sexe était en soi une forme de la lucidité.

Pendant l'après-midi, Pierre déclare tranquillement à un de ses étudiants qu'il n'aspire plus à devenir un Toynbee ou un Braudel, qu'il ne lui reste dans la vie que le sexe. Puis il fait référence aux «derniers cahiers de Wittgenstein» pour en déduire: «si j'aime, je bande». Ce qui signifie: je bande donc je suis.

La sexualité est donc devenue pour ces intellectuels le critère d'authenticité de l'existence. La femme de Rémy passe pour inauthentique parce qu'elle n'a pas perdu toutes ses illusions et qu'elle ne connaît pas sa propre perversion. Tout ce qu'ont pu dire, penser ou écrire Marx ou Freud se trouve réduit à un simple reflet de leurs habitudes sexuelles:

> *À la limite, Karl Marx, c'était un bourgeois allemand qui baisait continuellement les petites bonnes.* [...] *Moi, je me demande des fois jusqu'à quel point ses théories viennent de sa culpabilité. La même chose pour Freud, à moitié homosexuel, incapable de baiser sa femme après quarante ans, excité à mort par ses patientes. Ses querelles avec Jung, au fond, c'est des histoires de femmes, des histoires de cul.*

Et si le déclin, c'était cela: en arriver à juger sur la grosseur du zizi les penseurs qui ont le plus contribué à la culture de ce siècle (on a oublié la syphilis de Nietzsche). Lorsque les intellectuels en arrivent à considérer toute pensée comme une activité dérivée du sexe (un peu à la manière dont le mensonge *dérive* de la vérité), ne vaut-il pas mieux les échanger contre d'incultes étalons — qui prendraient pour devise: «*Words Are Cheap*». Cette phrase, dans le film, c'est une intellectuelle qui la dit à un étudiant qui est devenu son amant dans la nuit; ce même étudiant que Pierre (lui-même l'amant d'une étudiante) avait instruit, la veille, de sa définition, soi-disant wittgensteinienne, de l'être par le sexe. Je tire «*Words Are Cheap*» du contexte, mais le film l'autorise. Cette petite phrase peut s'entendre comme son exergue.

Arcand n'a pu s'empêcher de recourir à la médiation d'un personnage en quelque sorte tiré de ses films antérieurs, anti-intellectuel, grossier, brutal et sadique. L'intrigue aurait pu se passer de Mario. Les historiens universitaires illustrent suffisamment l'égocentrisme borné, la médiocrité sans idéal, la démission intellectuelle, enfin, de ces «intellectuels». Mais c'est Mario qui donne au film sa valeur de parabole universelle, ou impériale. Sans lui, le titre ne serait qu'une imposture de marketing culturel. Il s'agit du déclin d'un «empire», donc de politique, et Mario compose en effet un symbole politique.

Le troublant personnage se présente à la maison de campagne où les hommes, en attendant les femmes, préparent le souper (ou plutôt le «dîner», puisqu'il s'agit d'universitaires européanisés à la manière des «*scholars*» américains). Mario ne parle pas. Il écoute et regarde, mais n'entend et ne voit que son désir. D'habitude, on le sent bien, Mario ne demande pas, il prend. Cependant, contrariété à peine tolérable, celle qu'il veut, Diane, ne se trouve pas sous la main, il doit demander après elle. Elle n'arrivera que plus tard, avec les autres. Bon, ben, il reviendra. On sait, parce qu'elle l'a confié à Dominique, que Diane a noué avec Mario une relation sado-maso, et même que malgré les «humiliations» qu'il lui fait subir, avec Mario la bête elle jouit comme jamais elle n'a joui dans sa vie. «Il m'a toujours prise par en arrière. Comme un homme.»

Les hommes ont parlé de sexe tout l'après-midi, les femmes pareillement. Elles arrivent à la campagne, on se met à table et, par un effet de bienséance, la conversation cesse de porter sur la sexualité.

On frappe à la porte. C'est Mario, il est revenu. Diane va lui ouvrir, elle le prend par la main comme un grand bébé maladroit et l'entraîne vers le groupe. Taciturne et lourd, il se laisse installer à la table, parmi ces universitaires qui discutent tranquillement. Mais Mario ne mange pas de poisson. Mario ne boit pas de vin. On lui sert une bière importée, il en boit d'un air dégoûté. Mario incarne le mauvais goût des durs et la violence des ennuyés.

Après avoir essuyé pendant quelques minutes ces conversations qui ne l'intéressent pas, il se lève soudainement, comme un «cheuf» contrarié, et lance à Diane: «M'a t'attendre dehors. I'se passe rien icitte. Après-midi, les gars ont passé leur temps à parler de cul. Je pensais arriver dans une orgie. (*Aux autres femmes*): Elle, quand a'm'fait bander, j'la fourre. Ça vous tenterait pas, là tu'suite, là?»

Il y a une sentence de Goebbels que l'on cite souvent: «Quand on me parle d'intelligence, je sors mon revolver.» Dans *Le déclin de l'empire américain,* on pourrait dire: quand on me parle d'intelligence, je sors mon sexe. Le discours des universitaires ne semble avoir d'autre but que de justifier l'existence sans parole des Mario.

En raison de sa puissance sexuelle, et *parce qu'*il incarne la négation de toute pensée et de toute culture, on peut reconnaître en Mario (comme en tous les quétaines «authentiques» de notre cinéma) un fantasme d'intellectuel québécois. Mario est peut-être inculte, mais dans ce milieu d'hédonistes fatigués, il figure l'étalon sans défaillance, l'érection franche comme une lame de couteau. Parmi ces bavards, il se tait et son silence signifie que sa verge est d'or. Il représente la santé qui «se pose pas de problème», la loi du plus bête, à quoi une élite culturelle qui méprise sa propre fonction intellectuelle est tentée de s'en remettre. Logiquement, quand les mots ne valent plus rien, quand le sexe fonctionne comme un équivalent général, l'intellectuel en conclut que *le sexe augmente à mesure que la culture diminue.*

Le triomphe des Mario est une conséquence logique de l'idée de «déclin» ou de «décadence», qui a connu ses belles années avec l'«historisme» pessimiste de Spengler. Ce n'est pas un hasard si les thèses du fameux *Déclin de l'Occident* (1916), qui comparait les civilisations à des êtres organiques avec un début, une «grandeur» et une «décadence», ont été mises à profit par les Nazis (on pourrait dire que Mario est un *Nazizi...*).

Conceptuellement, il est essentiel de distinguer le «déclin» de la «fin»: la fin représente la réalité difficile à penser de la dérive moderne de nos existences. Et le plus difficile à penser dans la fin, c'est son sens multiple. Plus loin dans ce recueil, un texte consacré à l'avenir de la langue française au Québec, *Le pas gagné,* essaie de poser ce problème des rapports entre la culture et «la fin».

L'idée de déclin, au contraire, n'est pas multiple, mais simple; celui qui en parle se donne un point de vue cavalier, qui domine l'ensemble. Elle repose sur une conception linéaire du temps humain, avec un «autrefois» et un «maintenant», dont le contraste appelle un «redressement». Évidemment, dans le film d'Arcand, le déclin étant celui d'un empire où les Québécois ne comptent pour rien, le «redressement» n'est même pas évoqué. À d'autres. Et en attendant la chute de l'empire, les Québécois «en profitent» à plein cul. *Le déclin de l'empire américain* est un film terriblement post-référendaire, un film sur la nudité de la vie intellectuelle dans une société qui *croit* qu'elle ne croit plus à rien. Et quelle croyance! L'idée que le sexe monte à mesure que la culture descend exprime aussi la forme que prend la naïveté chez ceux qui s'imaginent avoir perdu toutes leurs illusions. Dans un fameux calembour, Lacan disait: les non-dupes errent. Ici, l'errance de ces hommes et de ces femmes qui se considèrent revenus de toutes les duperies de l'idéalisme, ou de toutes les erreurs de «l'inconscience», comme dit Dominique (la plus errante de ces dupes, celle qui ambitionne le plus de prendre un nom du père), les conduit à l'adoration du Phallus, la vieille idole. L'obsession du sexe, parce qu'elle assure la supériorité des Mario, remplit donc exactement la fonction de cet appel au «redressement» autoritaire, qui semble manquer dans le propos du *Déclin*...

Cette désillusion et cette méconnaissance qui rendent le sexe facile et vain, *attendent* un Mario. De la même manière que la culture québécoise semble toujours attendre le réel. En France, en Afrique du Nord et dans les Antilles, nous sommes fameux pour le sexe sans complexe, la franchise brutale du désir et l'ignorance des manières. Nous sommes vrais. Nous sommes réels. Au-delà des mensonges de la culture, du savoir-vivre, et du savoir intellectuel. Il est certain qu'il n'y avait que des Québécois pour faire un film franc comme *Le déclin de l'empire américain*.

L'existence québécoise souffre d'une véritable disette de symbolique. La modernisation précipitée, l'obsession de «l'ouverture aux autres», l'idéalisation fiévreuse de l'entrepreneurship témoignent surtout de ce qui distingue notre détresse parmi celle des autres sociétés soumises à la dérive moderne. Les dernières années ont frappé de stérilité les rencontres, les paroles, les manières. Il manque la suite — le rappel, le symbole.

La petite nuit froide n'est pas tombée d'un coup. Notre culture ne s'est pas spécialisée dans le réel ou la franchise brutale par hasard. En liquidant la vieille solidité liée à la «grande noirceur», on a cru qu'il s'indiquait une voie *a contrario*, la voie d'une culture «authentique» — du côté de la force sans masque, de la «nature», du «vécu», etc. Le «vécu», on en rit bien maintenant, mais il n'y a plus de quoi.

Mario représente plus que la bête perverse sous laquelle une petite-bourgeoise post-féministe découvre les contradictions déroutantes de la jouissance. Mario est le messager de la mort généreuse, le Sphinx du déclin qui offre la vie infinie. La sodomie passive, dans *Le déclin de l'empire américain*, procure ce qu'on n'avait «de sa vie» osé espérer, la vie éternelle, l'infinité éblouissante de la jouissance qui accompagne le déclin de l'empire — de la volonté —, ce qu'on attendait depuis toujours, sans le savoir.

Cet éblouissement inspire l'identification mimétique, et l'illusion qu'il existe un salut dans la perte de soi (le «mimétisme ébloui» est un important objet de la recherche menée à travers les essais de ce recueil).

Les autres personnages sont des marionnettes réalistes, de banals névrosés pour rire et pour pleurer. Mario est le déclin même, celui par qui Ding et Dong arrivent (c'est-à-dire la condamnation esthétique générale, quand tout le Québec apparaît quétaine à tous les Québécois), le symbole de *ce qui attend après,* la nudité irreprésentable d'un *réel* vraiment nu, sans manière et sans façon, sans masque et sans forme, pur, absolu, définitif mais infini, merveilleux comme la démence du poète qui n'écrira plus.

Dans *La colonie pénitentiaire* de Kafka, les suppliciés connaissent un bonheur extatique, quand les aiguilles qui vont les transpercer achèvent d'inscrire sur leur corps le texte de la sentence de mort. À mes yeux, Mario symbolise une telle machine pour un peuple qui n'a pas réussi à se

LA PETITE NOIRCEUR

donner par sa propre culture des raisons de vivre, et qui dresse son sexe comme un dernier argument contre la disparition. Après, il ne reste qu'à ouvrir son derrière et à glisser au néant avec la dernière générosité — en espérant bêtement que cette ultime «ouverture à l'autre», le sexe de force, nous apprendra le savoir de force.

LA PENSÉE DE
LÉANDRE BERGERON

> *Polémiquer contre des individus a quelque chose de mesquin, comme le commerce de détail. L'artiste qui ne veut pas pratiquer la polémique en gros doit au moins choisir des individus de type classique et de valeur perpétuelle.*
>
> Friedrich Schlegel

Spécialiste de Valéry recyclé dans la tyrannie d'un Macramé Power, Léandre Bergeron représente ce que la contre-culture québécoise peut offrir de plus fort. La vogue grandissante de son *Dictionnaire de la langue québécoise* retient l'attention des écrivains, des enseignants, des journalistes. Mais ceux qu'intéressent l'histoire des idées et la liaison du politique et du culturel au Québec auraient avantage à examiner le *Dictionnaire* de près. Cet ouvrage procède en effet d'une pensée à laquelle nous devons aussi la forme arrogante et maladroite de nationalisme qui a conduit le mouvement indépendantiste à l'échec en 1980. Si l'indépendance du Québec nous intéresse toujours (il semble que nous soyons une minorité de plus en plus faible dans ce cas; et moins nombreux encore les indépendantistes critiques à l'égard du nationalisme), il faut se convaincre que cet idéal ne se réalisera que si les Québécois se sont d'abord relevés de cette «pensée».

Pour des raisons qui tiennent à l'essence de sa démarche, Léandre Bergeron a d'abord réservé sa philosophie du langage. Cette lacune a été comblée avec la parution, dans *Le Devoir* du 6 décembre 1980, d'une longue entrevue au fil de laquelle notre lexicographe livre ses secrets, en quelque sorte sans s'en apercevoir. L'avantage avec Bergeron, c'est que sa naïveté est si bonne (comme celle de cet «habitant des vallées alpestres» dont le Nietzsche des *Considérations intempestives* «enviait» l'ignorance parce qu'elle lui permettait de «se croire le premier à avoir eu chacune de ses expériences» et de «désirer avec énergie») et son rêve si indigent, qu'il n'y a qu'à se baisser pour comprendre.

Un débat qu'on croyait tari, entre le français et le «québécois», se relance de la vindicte contre les «maudits Français». Vient-il à l'esprit de Bergeron de s'interroger sur la filiation qui mène de la tradition catholique canadienne-française à sa propre entreprise de pétage de broue? Dans la vision de notre clergé capoté, nous avions été mandatés d'une «mission civilisatrice» en terre d'Amérique; fragment préservé de l'indigne fille aînée de l'Église, notre race devait éclairer du flambeau supérieur de sa catholicité les espaces libéraux du Nouveau-Monde. Pour assurer son emprise et pour contrer les idées françaises auprès des progressistes canadiens-français, notre clergé a toujours prôné l'identification politique et idéologique au vainqueur et le mépris de la France républicaine. Après coup, dans la perspective cléricale, la Conquête apparaît donc comme une «chance», la chance d'avoir été préservé de la Révolution.

Bergeron nous sert à la moderne ces idées anciennes: «Aujourd'hui, s'illumine-t-il, je pense que les Québécois sont les seuls détenteurs de l'évolution naturelle de la langue française». On aura noté ce «je pense», quand, l'œil au firmament, il devrait dire «je rêve». «Nos ancêtres ont quitté la France justement quand Malherbe vint, quand Richelieu fonda l'Académie française, quand Vaugelas défendait la seule langue de la cour du roi. Les Français sont restés avec ce schéma, avec Larousse...» La précipitation, de Vaugelas à Larousse, est symptomatique de l'absence de sens historique qui caractérise toujours le discours appuyé sur la «nature»; Nietzsche a remarqué d'ailleurs que l'absence de sens historique protégeait efficacement le bonheur du sympathique épais de la vallée alpestre. Mais poursuivons, avec cet autre héritage de la stratégie cléricale, l'identification au vainqueur anglais et, aujourd'hui, à sa puissante progéniture américaine: «Est-ce l'Académie française qui va décider de notre parole? Pour moi, c'est le peuple québécois qui doit faire sa norme. En Angleterre, il n'y a pas de British Academy, que je sache. Aux États-Unis, c'est l'usage qui fait la norme.» L'Anglais et l'Américain parleraient donc avec plus de «naturel» que le Français; la Mère Nature serait de leur bord. Comme si les Français parlaient d'après les décrets de l'Académie! Pour la commodité de sa «démonstration», Bergeron feint de confondre les Français et l'Académie française, et il reste sourd à la fécondité de la langue parlée en France: les néologismes, l'argot, la langue des jeunes, des classes sociales ou des catégories professionnelles, les différences régionales, etc. Sa France est imaginaire, projective, pour tout dire, transférentielle; c'est la «France» qui convient à son fantasme vindicatif et dénégatif, celle qu'il désire écœurer, mais aussi celle qu'il désire en écœurant. Cette haine désirante contre une France imaginaire révèle la structure libidinale de l'ambition de pouvoir qui inspire, en réalité, sa défense de la langue «populaire». Cela se montre aussi quand son raisonnement s'enfarge dans la contradiction entre le refus de toute norme linguistique (cf. la préface du *Dictionnaire*) et la prescription de la norme de l'usage. Cette contradiction n'est pas insignifiante, elle rejoint celle (dont on appréciera plus loin l'importance) qui s'établit entre «parole» et «écriture»; elle dévoile un autoritaire tribun, s'identifiant lui-même à la «norme de l'usage» pour interdire la parole non ordinaire, non majoritaire, élaborée, critique, intellectuelle.

C'est avec la Conquête, et non «quand Malherbe vint», que la culture et la langue de la Nouvelle-France ont été séparées de celles de France. Sur les rives du Saint-Laurent, nos ancêtres n'avaient pas reconstitué l'Eden primitif de la langue allant toute nue. Tout indique plutôt que l'émergence, dès cette époque, d'une conscience nationale et d'un esprit d'indépendance par rapport à la France, se nourrit activement aux courants intellectuels métropolitains. L'esprit critique des encyclopédistes, par exemple, a fait souche en Nouvelle-France au XVIIIe siècle; on y débat de plain-pied les idées de ces «philosophes» français, qui secouent alors toute l'Europe. Rappelons le témoignage de Charlevoix:

> *On politique sur le passé, conjecture sur l'avenir; les sciences et les beaux-arts ont leur tour et la conversation ne tombe point. Les Canadiens, c'est-à-dire les Créoles du Canada, respirent en naissant un air de liberté qui les rend fort agréables dans le commerce de la vie, et nulle part ailleurs on ne parle plus purement notre langue. On ne remarque même ici aucun accent.*

Après la Conquête, l'influence des idées françaises sera souvent déterminante: les Patriotes, l'Institut canadien, par exemple, essaieront de se montrer dignes de l'héritage «philosophique». Le conformisme apeuré dicté par les hégémonies anglaise et cléricale l'interdit; Bergeron enfonce le clou. Et sans même s'en douter, taré par sa problématique «naturelle». La «nature» d'une langue, «l'évolution naturelle de la langue», cela n'existe pas. Cette langue pure et sans accent ouïe jadis en Nouvelle-France par le père Charlevoix (un homme de goût, assurément) était un produit de conditions données, comme toutes les langues de toutes les époques. Et si le fantasme de Bergeron était fondé, si nos ancêtres avaient pu parler sur ces bords librement, loin de toute Académie non naturelle, est-ce qu'un événement comme la Conquête n'eût pas suffi à dénaturer cette nature? Or, bien au contraire, c'est la langue de France que Bergeron accuse de violer, encore aujourd'hui, la «nature» de la langue québécoise: «Moi, j'ai bien remarqué que, quand j'ai appris le bon français en France, j'étais encadré. Ma personnalité avait vraiment changé. Même ma pensée.» Ainsi donc, en écartant les Français et la langue de France, la Conquête aurait libéré la Nature, brisé le joug français qui pesait sur la Nature de la langue! Et Bergeron de maudire ce «bon français» qui change la pensée, qui empoisonne la personnalité et la pensée naturelles du Québécois, qui vient même les altérer jusque sur le sol natal!

Cela appelle plusieurs niveaux de commentaires, si l'on demeure sensible aux nombreux enjeux de la question linguistique.

D'abord, il faut noter — sans pouvoir entrer dans toutes les conséquences d'une telle remarque — que les deux conceptions qui s'affrontent dans ce schématisme manichéen sont empruntées à deux modèles économiques: la Conquête aurait été la victoire du libéralisme sur le dirigisme, elle aurait libéré la langue de l'arbitraire d'un pouvoir interventionniste pour lui permettre de suivre «naturellement» les lois... du marché. Sur ce point, la conception des partisans de ce qu'on pourrait appeler l'abolition des contrôles gouvernementaux en matière linguistique (refus de toute norme autre que celle de l'usage) dévie de la tradition catholique canadienne-française, qui fut toujours anti-libérale, et rejoint plutôt le discours protestant du «chacun pour soi devant Dieu». Cela correspond d'ailleurs aux idées du Québec «moderne», c'est-à-dire à la nouvelle mentalité positive à l'égard de l'entrepreneurship capitaliste qui caractérise le nationalisme péquiste. Ajoutons que, comme il n'y a pas plus d'évolution naturelle dans le domaine des rapports économiques que dans celui du commerce linguistique, le libéralisme revient toujours à reconnaître le droit du plus fort (l'Anglais et l'anglais) de dominer le marché. Aussi Bergeron admet-il pragmatiquement l'usage de l'anglicisme, en occultant toutes ses implications politiques; il lui faudrait autrement s'interroger sur l'aliénation de la langue québécoise, prise à la gorge par la langue anglaise.

Son raisonnement sur le «joual» illustre bien ce refus de regarder en face l'humiliante réalité du Canada français et du Québec: après un rappel de l'origine non naturelle du vocable, promu par des «intellectuels» en 1960, il dit lui trouver néanmoins une utilité: «Avec le mot *joual*, on a compris qu'on ne parlait pas français. C'était une étape. Dans les années 1970, on a ensuite affirmé et assumé cette différence. Le mot joual doit disparaître.» Pour supprimer un témoin gênant? Semblable aux fédéralistes qui refusent de voir que le Québec est une société culturellement aliénée*, Bergeron méconnaît l'origine aliénée du «joual». Suffit-il donc qu'un colonisé «affirme et assume» pleinement sa situation pour que l'indigence se métamorphose en puissance? Pour être à la fois exploité et fier de l'être, ne faut-il pas masquer d'un fétiche la béance de la castration nationale?

Rappelons aussi que le «joual» est monté sur scène ironiquement: Charlebois, Deschamps, Clémence Desrochers, Michel Tremblay, ont commencé par représenter le «joual» d'une manière ironique, selon la logique d'un double geste qui consistait à s'écarter par le rire de l'énoncé «joual» à mesure qu'il s'entendait. Or il faut commenter

---

* Pour mieux voiler l'aliénation du Québec, on les entend parfois, comme Bergeron, s'en prendre à la «colonisation culturelle française» — ce qui est encore une gentille fantaisie, puisque les pouvoirs français n'ont disposé et ne disposent toujours d'aucun moyen de nous imposer quoi que ce soit. Une Yvette en chef, au printemps 1980, accusait les péquistes de s'être laissé entraîner par nos «cousins français» à rêver d'un Québec socialiste. Même inconsciemment, le discours anti-«maudits Français» est toujours fédéraliste et il vise en fait à refouler la grandeur de la culture que nous avons produite, et qui nous «appartient» tout autant qu'aux Français dont les ancêtres sont restés en France. C'est la menace de notre propre désir d'indépendance qu'on veut conjurer en attaquant la «France», car si nous cessions de maudire cette mère admirée dans le monde entier (et si, d'ailleurs, nous nous y rapportions plutôt comme à un père puissant), nous cesserions peut-être de nous soumettre.

Bergeron à cet autre niveau, philosophique et politique: l'affirmation du langage québécois «assumé» tel qu'il est, sans la moindre critique, équivaut chez un intellectuel à supprimer l'écart de l'ironie, où à le «relever», suivant une politique érective du Sujet dans son affirmation inconditionnelle. Un. Indivis. Érigé. La pensée élaborée, «intellectuelle», historique, critique, etc., gêne sérieusement l'affirmation inconditionnelle du Sujet; elle porte préjudice à son unité érigée (la métaphore sexuelle n'est pas de trop ici; rappelons que parler bien est souvent stigmatisé comme «tapette» au Québec... et qu'«étudiant en lettres» signifie «homosexuel» dans le Bergeron). On ne s'étonne donc pas de retrouver dans l'interview du *Devoir* cet autre lieu commun de l'idéalisme dans la philosophie du langage: le mépris de l'écriture et l'affirmation de la parole vive. Bergeron devrait relire le travail de Jacques Derrida sur Rousseau, paru dans *De la grammatologie*. La grande preuve bergeronnesque, en effet, que «la langue française, elle est morte depuis Malherbe, presque», tient à ce que le Français parle «comme un livre», à ce qu'il «parle une langue écrite»; au contraire, «on parle une langue vivante au Québec». Son dictionnaire n'est d'ailleurs pas un dictionnaire des mots mais des prononciations québécoises («quemencement» serait un «mot québécois» pour «commencement», par exemple). Bergeron conjure la division du Sujet par l'affirmation phonocentrique de l'adéquation à soi-même d'un sujet «naturel» de la parole «québécoise». Peu importe alors que les prononciations françaises de France varient aussi à l'infini, sa «France» désigne pour lui la menace de division qui pèse sur le Sujet, dans le jeu non naturel de l'écriture. Aussi, comme toujours dans ces cas-là, l'affirmation de la supériorité de la parole (vivante) sur l'écriture (morte) détermine-t-elle l'inversion des rapports France-Québec organisés comme une opposition: on rejoint alors la glorieuse tonitruance d'un Duplessis proclamant devant l'ambassadeur de France que «le Canadien français est un Français amélioré». Ce qui est encore, il faut y insister, une manière de faire le Français, de pointer l'objet du désir, de désigner l'aimée qu'on veut écœurer. Reconnaître d'abord maman, pour ensuite faire dessus. Ce désir inconscient de la «France» éclaire aussi cette conviction risible que «les Français s'intéressent à nous»; en fait, c'est nous qui sommes intéressés à «l'intérêt que les Français nous portent», tout comme c'est à Montréal que les artistes québécois font la une des journaux quand ils chantent à Paris. Cette logique se retourne plaisamment contre nous dans nos rapports avec de plus «provinciaux»: il paraît, en effet, que les Acadiens «se font un complexe de supériorité par rapport aux Québécois»*...

La démarche de Léandre Bergeron est incohérente, comme son dictionnaire; son propre désir lui est inconnu et son propos mal articulé. Mais malgré son peu de valeur, il est important de le critiquer, parce que cette «pensée» représente une tendance puissante au sein du nationalisme québécois, tendance qui se fait souvent passer pour progressiste et qui représente en réalité le retour du pire. Plutôt qu'à Rousseau, c'est à Herder, puis aux idéologues de «l'identité allemande» qu'il faut remonter pour comprendre ce nationalisme qui, au lieu de favoriser l'autocritique, nous précipite démentiellement de l'insuffisance à une puissance illusoire. L'échec idéologique du Parti québécois s'explique par son impuissance à penser cette contradiction: que nous soyons «un grand peuple» et que nous devions nous donner les moyens de le devenir, que nous devions être fiers de notre Histoire et que nous soyons colonisés. Le 15 novembre 1976 et le 20 mai 1980 se répondent symétriquement, comme le triomphe et la chute; l'exagération folle du triomphe péquiste appelait l'abrutissement imbécile de l'après-référendum — comme si le «Québec» lui-même n'avait été qu'un rêve, évanoui le 20 mai. Sans doute, ce soir-là, fut-ce la fin d'un «Québec», et peut-être le Québec est-il encore à penser.

* *Le Devoir*, 26 décembre 1980, p. 10.

LA PETITE NOIRCEUR

L'écart ironique dans la représentation du «joual» est une manière d'apprivoiser notre aliénation à travers ce langage qui en est aussi le chant lyrique, le poème mutilé. Par l'écart ironique, de nombreux Québécois sont passés de la honte au rire, pendant que Vigneault, en français, dénudait le corps désirable d'un autre Québec. Le rire ironique, c'est peu de chose, rien ne se «relève» plus aisément, mais au lieu de le résoudre, au lieu de le conjurer au moyen d'une «fierté» aveugle et sotte, ne faudrait-il pas l'agrandir, rire encore mieux de nous-mêmes, faire de ce rire écartillé une pratique attentive et savante, accentuer la division du Sujet québécois, ouvrir dans cette division le chantier d'une Manicouagan critique, prendre le risque d'une parole amie de l'écriture — d'une parole pensée. Laisser résonner la parole des Québécois dans une étrangeté familière, afin qu'elle devienne politique en Tord-nom!*

---

* Depuis, Danielle Trudeau a mis le point final à cette histoire: *Léandre et son péché*, Hurtubise HMH, 1982.

UN DÉFILÉ NATIONAL

de la Saint-Jean-Baptiste

«*À qui verrait trop vite passer ce char, des détails échapperaient.*»

J'ai vu l'autre jour au parc Lafontaine un Québécois tenter un coup dément, avec son labrador. Dès qu'un promeneur approchait dans une allée, le type lançait à son chien des ordres secs, des gestes fendants. On aurait dit une séance de dressage. Mais à y regarder de plus près, on s'apercevait qu'il faisait celui qui dresse son chien afin qu'on crût qu'il dressait son chien en vrai professionnel. C'était lui-même qu'il tentait de dresser par cette pauvre imposture, comme une verge postiche sur la pelouse, en s'offrant à ce qu'il estimait visiblement devoir être l'admiration envieuse des passants. Il n'y a pas à détailler son stratagème pour comprendre (non sans réprimer soi-même un rictus de folie) qu'il éprouvait un sentiment de puissance en s'identifiant au regard des gens... Il y en a tellement en ville dans son genre, dans les quartiers qui votent Rhinocéros.

J'imagine qu'il avait sincèrement l'intention d'apprendre à dresser les chiens, un jour.

Le samedi 20 juin 1981, le Comité organisateur de la fête nationale du Québec glissait dans *La Presse* et *Le Journal de Montréal* un encart intitulé *Journal-souvenir 1981*, pour faire de la réclame au défilé du lendemain, rue Sherbrooke: «Le défilé de la fête nationale du Québec renaît en force cette année, sous le thème général: les forces vives du Québec.» Or toute cette «force» voilait mal que le «retour du défilé» n'était pour le Québec qu'un retour du refoulé — un refilé.

Et d'abord, le plus frappant, un retour du refoulé religieux: on a confondu en effet sans se gêner (sans doute dans la foulée de l'ayatollisme reaganien) la Saint-Jean-Baptiste et la fête nationale, la fête religieuse et la fête laïque. Plusieurs passages du texte étalent cette nouvelle collusion entre l'Église et l'État. On désigne, par exemple, le décapité à Salomé sous son titre de «Précurseur», ce qui revient à reconnaître l'essence surnaturelle de son agitation dans un document issu d'un organisme de l'État. Un paragraphe spécial annonce aussi que «la messe solennelle de la Saint-Jean sera célébrée [...] à l'Oratoire Saint-Joseph» par le haut responsable Grégoire; c'est une propagande gratuite* pour cette Église responsable si longtemps de l'arriération du peuple québécois. Enfin, autre signe de régression, c'est le bénin Claude Lafortune, un professionel de la propagande chrétienne auprès de l'enfance et de la jeunesse, qui a dessiné les chars de la procession.

Les idéologues officiels ont donc décidé de nous faire renouer avec la benoîte allégorie, naguère chassée de nos rues par la colère d'émeutiers très inspirés. Certes, il devient chaque jour plus urgent de se souvenir; contre les forces d'oubli qui déferlent sur toutes les cultures, entretenir la mémoire s'impose comme un devoir politique, patriotique et de culture. Mais, en l'occurrence, le retour du défilé fut un retour amnésiant, un retour dont la fonction était de faire oublier les raisons que nous avions eues de rompre la tradition. Faire oublier que c'était une tradition d'illusion. Tout se passe désormais comme s'il s'agissait, dans l'idéologie (peu articulée et peu consciente d'elle-

---

* Pas tout à fait gratuite, pour être exact, puisque l'Archevêché de Montréal figure, à la fin de l'encart, sur la liste des «commanditaires des chars allégoriques» en compagnie de trente-huit sociétés privées, de Radio-Canada et de l'Université de Montréal.

même) de la nouvelle classe dirigeante québécoise, de colmater la cassure, de fourrer l'encart dans l'écart, de nier une grande négation historique, de faire oublier l'espoir d'une rupture, l'indépendance — qui n'aura donc pas eu lieu*. Un NON au référendum, cela signifie aussi cela: la relève du Saint Patron — qui revient prêcher la soumission et le divertissement tranquille à son peuple bonhomme. Pour les besoins de la cause, on a conservé le ton dramatico-pastoralo-poético-grandiose de la flambée nationaliste des années 1960 et 1970, mais en le dépouillant de tout son contenu progressiste. Il en résulte tout simplement un retour au bon vieux nationalisme canadien-français. À cette différence près que le Baptiste, dans sa statue en papier «de dix pieds de hauteur» à l'Oratoire, n'est plus représenté enfant, mais adulte: c'est pire, cela signifie peut-être que la «grande noirceur» a passé avec succès l'épreuve de la modernisation**. Appelons cela la *petite noirceur*. Et «modernisation» pourrait bien être le nom du déguisement adopté par le refoulé pour son retour. Par exemple, le saint frisé et ses moutons manquant, contre

---

* Sans doute, en partie, parce que la transformation du système symbolique canadien-français, un instant entrevu, n'a pas été suffisamment pensé par les «révolutionnaires» québécois pour qu'ils puissent dans leur action demeurer fidèles à une pensée.

** Reste à définir «moderne». Essentiellement, au Québec, se moderniser a signifié s'américaniser, terme dont le sens n'est pas évident non plus. D'abord, s'américaniser, selon plusieurs, ce ne serait pour le Québec que devenir soi-même. Et puis, est-ce que les U.S.A. ne s'américanisent pas eux-mêmes de plus en plus, dévoilant progressivement le sens de ce qu'on appelle l'Amérique? Les U.S.A. s'avancent ainsi à la découverte de l'Amérique. L'Amérique est le nom de ce qui les attend au bout du chemin dont ils réalisent historiquement l'avancée extrême, le nom du stade final de l'évolution pour le désastre américain, en même temps évidemment que le nom fondateur de cette trajectoire, le nom dont l'appel a programmé le tracé d'une telle erre. Pour comprendre ce que signifie l'américanisation du Québec (ou de l'Europe), il faudrait commencer par se demander: qu'appelle-t-on l'Amérique?

toute attente, en queue de défilé*, tout le monde a cru les organisateurs (et eux-mêmes se sont crus) quand ils ont souligné son absence de la parade; alors qu'en réalité il était visible sur tous les chars, représenté par le matériau frisé, le papier frisotté avec lequel les figures allégoriques étaient toutes fabriquées. De la même manière, le vieux supplice, la Croix, fermait le défilé, à l'insu de tous, confondue sur le dernier char avec le drapeau québécois taillé en losange.

On a donc oublié, ou voulu faire oublier les raisons de rompre avec Baptiste. Car en 1969, rappelez-vous si vous le pouvez, quelque chose enfin paraissait brisé, un ressort profond du vieux sens; il n'était plus possible de promener des allégories derrière des tracteurs, les images se décollaient (comme la tête du Baptiste) de leur sens, cela commençait à scintiller dans une irréalité glissante. Un Québec allait peut-être naître par cette maille dans la camisole de *force*** tricotée serrée.

Allez aussi relire le cahier spécial paru dans *La Presse* pour la Saint-Jean-Baptiste de 1973: pas de niaisage catholique, pas de satisfecit en marshmallow comme ceux que distribuent aujourd'hui des préposés officiels à l'aveuglement national; non, même un Roger Lemelin vacillait en présentant ce recueil de textes commandés à une vingtaine de personnalités, textes angoissés, pessimistes, impuissants, prophétiques (Léandre Bergeron: «Le 1er mai rem-

---

* À la place de Baptiste, un reste réconfortant: deux cents manifestants qui réclamaient la libération de Paul Rose. La police n'est pas intervenue, elle s'est laissé oublier et elle a laissé oublier cette manifestation (censurée aussi dans la transmission télévisée du défilé) pour éviter d'en accuser le caractère déjà «trop politique».

** «Parle fort Québec.» «Faut rester forts au Québec.» «Les forces vives du Québec.» Dans la rue Saint-Denis, à Montréal (la Mecque Rhinocéros), on organisait pour la fête nationale un festival «Jos Montferrand et les hommes forts du Québec». L'essentiel, pour un peuple qui s'est longtemps trouvé faible et impuissant, c'est d'avoir la force de ses slogans.

placera le 24 juin»), symptômes, hélas, d'un désarroi plus que d'une révolution culturels. Loin aussi, oublié, le jour où Pierre Perrault, lâché sur les ondes d'État pour commenter le défilé de la Saint-Jean-Baptiste, osait dénoncer les commanditaires à mesure que leurs noms apparaissaient sur les chars. Cette année, la commandite a été sollicitée par un organisme du gouvernement indépendantiste lui-même, dont plusieurs membres autrefois, on peut le croire, applaudirent au geste suicidaire de Perrault. Et ce geste, et tous les autres, on tente aujourd'hui à toute force de faire croire que cela appartient au passé. Ou à l'«Histoire».

Prenons essor, pour notre colère, de cette phrase anodine de l'encart:

> *Le vieux port, fenêtre largement ouverte sur le majestueux Saint-Laurent, a donc changé radicalement de vocation. Autrefois lieu d'activités intenses, il entre aujourd'hui dans notre civilisation des loisirs. Il appartient désormais à l'Histoire, c'est-à-dire à nous tous.*

Cet énoncé suppose que l'Histoire se compose d'événements passés, et que le passé n'a plus d'effet sur le présent, que le passé est passé, qu'il constitue un ensemble clos sur la nature duquel on s'entend et auquel il est toujours possible de s'intéresser, mais de manière dégagée, pour s'instruire durant ses «loisirs», sans exagérer cet intérêt, évidemment, puisque les loisirs diffèrent radicalement des «activités intenses». En fait, cette phrase révèle, si on y pense, l'approche bourgeoise-québécoise, c'est-à-dire banlieusarde, de l'Histoire qui inspire d'un bout à l'autre le *Journal-souvenir**. Le même oubli serein, la grossière tape

---

* Cela correspond d'ailleurs à la certitude et à l'optimisme officiels qui inspirent un geste — réellement falsificateur — comme la publication d'un document «souvenir» avant le passage de l'événement. Et s'il s'était toujours agi, avec «Je me souviens», d'une telle mémoire anticipatrice, purgée d'avance de toutes les inconvenances politiques?

dans le dos, le clignement de l'œil de la sourde unanimité idéologique s'y appliquent en effet au passé immédiat du Québec, comme si la fracture dans la tradition de la parade annuelle appartenait vraiment à un passé réglé, pensé, passé. C'est tendre la perche aux fédéralistes, et Roger Lemelin n'a pas manqué la leçon du gentil défilé national: un trait a été tiré, écrit-il, sur les fêtes trop politiques des années maudites; la Saint-Jean-Baptiste est redevenue la fête «d'un peuple sain et courageux qui ne doit rien à ses politiciens...» Les indépendantistes nationaleux et les fédéralistes s'entendront toujours pour exclure le politique (c'est-à-dire la pensée) des «loisirs», de la fête et de la jouissance. Lemelin respecte donc parfaitement le nouvel esprit dépolitisé du *Journal-souvenir 1981* quand il célèbre, non le Québécois, mais le Canadien français, «son bon sens, son goût profond de la famille, de la parenté, des traditions, sa fidélité dormante à l'Église, sa confiance dans les institutions». Que de mensonges! Tenir l'unanimité pour assurée, c'est la créer; on croirait entendre la *Pravda* — ou Duplessis. «Ainsi, forts et conscients de ce que nous sommes, nous pourrons encaisser toute défaite, monter n'importe quelle côte jusqu'à son sommet, où nous apercevrons, éclatante, la lumière...» (de quoi? notre succès? notre épanouissement? notre liberté?) «...de la tolérance et de notre survie.» Survivre! Résister. Durer. Revenir, donc, à une culture qui avait renoncé à se hisser au niveau planétaire, et qui, à son propre sujet, se racontait des histoires, des allégories et des mythes.

Ces fêtes furent justement celles de la soudure avec la Représentation (faisant, de la sorte, le lit du fédéralisme et de ceux qui en profitent). Plus de faille entre l'allégorie et le Québec soi-même. Le Québec s'est couvert d'un autocollant souvenir de l'avenir, il colle à nouveau parfaitement à soi. Récollation de Jean-Baptiste. Qu'importe que le Québécois occupe le dernier rang parmi les Canadiens des différentes provinces (juste avant le Yukonais) quant au nombre moyen d'années de scolarité et quant à la qualité des services de santé? Qu'importe que les pauvres s'appauvrissent et que leur nombre augmente? Cela doit-il faire un pli?

> NOUS SERONS ORGUEILLEUX
> Demain le 21, nous serons fiers et orgueilleux. Nous allons nous pavaner, prendre des airs importants et satisfaits et faire grand étalage de nos plus nobles qualités, de nos remarquables réussites, de nos richesses et de nos œuvres les plus durables.
> [...]
> Nous voyagerons à travers [ce pays] jusqu'au bout de nous-mêmes, là où nous recommencerons une fois de plus à être ce que nous avons toujours rêvé d'être.

Cette dernière proposition, qui ne veut strictement rien dire, ouvre à l'abîme. Recommencer à être ce qu'on a toujours rêvé d'être implique une logique très folle: on aurait déjà été, mais en rêve, ce qu'on rêve d'être; c'est vouloir renouer avec un rêve passé, présentement seulement rêvé et non plus rêveusement réalisé; comme s'il y avait deux espèces de rêves, le rêve absolu d'autrefois, non troublé par la réalité, et le rêve d'aujourd'hui, rêve de rêver, empêché par la réalité de se rêver absolument. «Renouer» avec le «défilé», ce serait revenir à un mode de réalisation qui se défile de la réalité, revenir à l'opium, à l'Église, à la satisfaction du désir sur le mode hallucinatoire.

Évidemment, je «force» le texte, ils n'ont pas «voulu dire» cela; mais cela peut se lire ainsi. Je ne récuse pas la fête, mais considère que dans la fête le sujet doit se dissoudre, comme dans la jouissance, alors que ces textes idéologiques se servent de la fête comme d'un soutien à l'affirmation inconditionnelle d'un grand Sujet québécois — dément, démenti par la réalité. Se défiler consiste justement à nier, par l'érection inconditionnelle d'un phallus postiche, le démenti opposé par la réalité à la volonté de puissance.

Le 21 juin, le défilé «illustre» un poème de Gilles Vigneault qui se présente comme une litanie des «gens»*. La parade s'ouvrira d'abord avec un char intitulé: «Gens du pays, c'est votre tour...»; ensuite, les quatorze chars représenteront autant d'espèces de «gens du pays», d'après les quatorze strophes du texte.

Que signifie «gens du pays»? Quand on y pense — si on y pense, si on laisse résonner et si on écoute «gens du pays» — on reçoit de cette pensée et de cette écoute une impression étrange. «Gens du pays» désigne pourtant tout le contraire de quelque chose d'étrange ou d'étranger. Mais l'entente familière ne suffit pas pour en saisir le sens. Il ne faut pas rompre avec la famille où cette familiarité donne le sens des choses, il ne faut pas la refouler, mais arriver à la position du fou de la famille, qui ne laisse plus habiter en repos aucun sens familier.

«Gens» fait partie de la même famille que tous les mots issus du grec *genos*, du latin *gens* et *genus*, mots dont les significations pointent toutes vers l'origine, comme originel, original, engendrement, génétique, généalogie, génital, génération, progéniture, genre, germinatif, etc. Avec «gens», Vigneault rappelle «poétiquement» (les guillemets s'imposent) la matière pulpo-populeuse, le tissu des corps et des natures, la qualité germinative, la dissémination

---

* *Le pays de ces gens* «Les gens de ce pays Ce sont gens d'aventure / Gens de papiers, de bois Et gens d'imprimerie / Gens de feu gens de fer D'argent de cuivre et d'or / Gens de mer, et de vent Et gens de pêcheries / Gens de danse et de chants Et de dire et d'écrire Et faiseurs de musique / Gens de nature aussi Forestiers laboureurs Arbres toujours en marche / Gens de jeux gens de sports Usant de leurs saison / Travailleurs, inventeurs Transporteurs de lumière / Gens de fierté, d'orgueil Pourvoyeurs de métiers À grandeur de planète. / Gens d'accueil bras ouverts Venus d'ailleurs eux-mêmes Dans les fameux bateaux du temps / Amadoueurs de sources Et dompteurs de rivières / Gens de semailles aussi Et capables longtemps D'attendre la récolte / Gens d'espace, et de temps Gens de voyageries / Les gens de ce pays Ce sont gens de bâtir Ce sont gens d'aujourd'hui À fabriquer demain.»

missionnaire, les flancs gras, les berceaux vengeurs, encore, de la race québécoise ex-canadienne-française.

Pour célébrer ce retour au séminal, chaque photographie d'une maquette de char est publiée en regard d'une autre qui représente un char d'autrefois. Or, parmi les albums-souvenirs des archives de la Société Saint-Jean-Baptiste auxquels ils ont eu accès, les rédacteurs ont surtout retenu les années 1928, «Nos chansons populaires», et 1932, «Glorification du sol» (chacune sept photographies). Le sol est le *germen* des gens, la métaphore éternelle du réceptacle maternel. Quant à nos «chansons populaires», souvent évoquées comme le plus beau fleuron de lys de la culture québécoise, elles n'ont plus de populaire que la consommation. Évidemment, plusieurs vedettes figuraient au défilé, dans des voitures décapotées; elles représentaient la puissance de la Représentation, le mode représentationnel de l'accomplissement de la volonté de puissance.

Qu'est-ce donc alors qui se propose à l'admiration dans le poème de Vigneault? Quelle scène? Quel miroir? On lit dans l'encart: «Ce poème, *Le pays de ces gens*, chante les gens de ce pays». L'auto-collant, comme un miroir, renvoie une image inversée. Le pays colle aux gens, les gens au pays; la terre-mère colle à ses fils, les fils collent à leur mère. En termes psychanalytiques, on pourrait dire que l'affirmation de la volonté de puissance s'opère par substitution du moi-idéal à l'idéal du moi. Cette substitution est une régression, depuis une ambition d'atteindre à une réalisation de soi évaluée en fonction du principe (phallique) de réalité, à une volonté de puissance satisfaite à bon compte par l'idéalisation du sujet tel quel (oral) et par identification à ce soi-même idéalisé et doté de la puissance de la mère (le sol). C'est l'auto-collant, qui colle le sujet-Nation québécois à l'origine, à la *gens*, à la toute-puissance de la mère. «Gens» est un nom de la graine de la mère.

Cette substitution régressive du moi-idéal à l'idéal du moi pourrait expliquer l'immaturité de la culture en Amérique du Nord, immaturité qui soutient une énorme ambition de puissance exprimée et vécue sur le mode fantasmatique. Les U.S.A. disposent au moins d'une réelle puissance, ils ont les moyens de s'identifier à eux-mêmes; n'empêche qu'il s'agit, pour eux, dans l'hypertrophie nationaliste actuelle, d'une régression au moi-idéal et d'un déni de l'affaiblissement réel. Mais au Québec, lorsque une instance officielle sécrète un discours orgueilleux, si on y pense et si on lit bien, on se sent gêné par cette folie. Il faut éclater de rire, pour éviter d'éclater en morceaux.

Le règne du moi-idéal rend absolument impossible la production de la pensée. Entre «les gens de ce pays» et «le pays de ces gens», l'auto-collant adhère si étroitement qu'il ne laisse plus la moindre faille à penser. Le discours de la *gens*, de la famille dans son miroir, est épuisé d'avance pour la pensée; il ne peut jamais s'agir que de l'allégorie d'une certaine couche implicite et ineffable de signification — une certaine couche (de bébé) qu'on peut situer dans l'épaisseur de colle de l'auto-collant. Celle-ci maintient le membre postiche, elle assure le sens et protège le sujet de sa démence; elle garde le frisé de la décollation.

Ce dispositif (symbolique, politique et libidinal) va de pair avec une conception métaphysique de l'écriture et un refus de la parole étrange, compagne de la pensée, la parole «écrite». La parole ou l'écriture «gens du pays» procède par tournures. Elle n'est étrange que par ressemblance avec une vieille familiarité; elle n'est écrite, ou poème, que par régression à de vieilles tournures. Elle fait le vieux et elle fait du bon vieux. Elle ne ressemble à de l'invention poétique que parce qu'elle use d'un conformisme oublié, et non par un travail transformateur sur une langue conformiste, équivalent du principe de réalité phallique. L'attitude conformiste est évitée, mais pas subvertie, c'est toujours et partout le résultat de la régression. Et la langue n'en demeure pas moins métaphysique, conçue comme le «contenant» d'un «contenu», comme mode d'«expression»; on peut donc la négliger, puisqu'elle n'est qu'un outil, puisque l'essentiel est ailleurs, dans la colle. C'est la conséquence inévitable de l'identification à soi-même. Aussi ne s'étonne-t-on pas de la pauvreté du français dans lequel sont rédigés les textes du *Journal-souvenir*. Dépouillé du masque «poétique» de la tournure vieillotte, ce langage apparaît dans toute son indigence. Le texte s'essaie à des poses artistes et à des tournures «gens du pays».

> *Dégradés de vert et orange colorent ce tableau.*
>
> *Balles et ballons et bâtons de hockey illustrent d'autres sports.*
>
> *C'est une femme (D. Dufresne) qui chante, le cœur au ventre, qui se donne à tout prix et à tout le monde.*
>
> *On assemble, on ajuste les éclairages, et tressant un savant écheveau de fils électriques... Les chanteurs et les musiciens, dans leurs plus beaux atours, ont répété paroles, musiques et gestes de leurs chansons...*
>
> *À qui verrait trop vite passer ce char, des détails échapperaient.*

Mais à qui ne lit pas trop vite, la lézarde apparaît. Ça ne colle pas. L'omission de l'article défini, l'abus du participe présent et de la mise en apposition, ces caractéristiques du style «gens du pays» correspondent d'ailleurs aux tics syntaxiques de la langue américaine appauvrie des mass-media, cette coïncidence permet de poser l'hypothèse d'un lien inattendu entre l'anglicisation inconsciente et l'identification du colonisé à soi-même — puisque ce «soi-même» est un «soi» gangrené par le colonisateur.

L'auto-collant participe ainsi, nonobstant la loi 101, au mépris et à la dégradation générale de la langue en Amérique du Nord. La mégalomanie s'accompagne en effet d'une préférence pour le quantitatif, et privilégier le quantitatif par rapport au qualitatif signifie qu'on ignore l'appel véritablement poétique, l'appel de pensée lancé par un être, une chose ou une situation, et qu'on refoule cet appel au moyen d'un discours technique sur les mensurations de l'objet. Les medias le démontrent à chaque seconde, le discours technique, le plus loin de l'essentiel, le moins fidèle au vivant, le plus amnésique, préfère la langue pauvre et porte même une haine particulière aux penseurs et à l'écriture (à la langue qui se travaille dans sa matérialité).

On retrouve évidemment dans l'encart la complicité entre le discours technique et le discours idéologique. Une telle complicité se remarque toujours dans l'attitude métaphysique de l'idéologie moderniste, et singulièrement de l'idéologie américaine, laquelle pratique, d'une part, une langue d'effusion et de sincérité (regard et sourire garant de la solidité de la réalité), langue d'unanimité lyrique et d'entente «vraie», où le style généreux entourloupe une morale abjecte (Reagan est un bon exemple); d'autre part, une langue de constat, froide, technique, celle du génie pratique. Il ne s'agit évidemment que de la version américaine de la vieille opposition métaphysique entre le sensible et l'intellect. Rien n'empêche l'Américain d'être à la fois astronaute et prédicateur, de construire des appareils d'une efficacité parfaite et de croire en Dieu. De la même façon, on peut s'appeler «gens du pays» et construire des barrages parfaits. Il s'agit d'ailleurs toujours d'endiguer quelque chose. Dans l'encart, les passages «gens du pays» sont entrecoupés de remarques purement techniques d'une incroyable monotonie, concernant la grandeur des figures allégoriques*. Cette ambition québécoise d'avoir

---

* «Une petite fille dont la hauteur fait 18 pieds...; ... il a fallu une feuille d'aluminium de plus de 300 pieds...; ...les lanières qui illustrent la coulée ont nécessité plus de 5000 pieds de feuilles d'aluminium...; La hauteur du chef d'orchestre est de 14 pieds et sa baguette, de 4 pieds; La fée mesure dix pieds de hauteur...; Les skis mesurent 21 pieds...; ...8 valises aux couleurs variées dont la plus grande est longue de 10 pieds; Les pattes du lion ont 3 pieds de diamètre et sa crinière, 8 pieds; Le pommier est haut de 16 pieds, les carottes de 4 pieds et les plants de tomates, de 5 pieds.» Et caetera.

une grosse graine américaine bien rodée tourne parfois à l'absurde: «Pour un observateur placé en un point fixe du parcours, le défilé durera environ 1 heure. Il se déplacera donc à une vitesse de quinze chars à l'heure, c'est-à-dire d'un char toutes les quatre minutes.» (Un quart de char à la minute?) La langue technique est une langue de bois. Elle permet d'éviter que la pensée ne se produise, et fait alliance avec la langue d'effusion afin de refouler toute véritable question sur le sens de la fête. Ainsi, *La Presse* titrera, le 25 juin, au lendemain d'une fête sans émeute: «Les Montréalais ont bu 10 millions de bouteilles de bière.» Pour sa part, le Comité organisateur établira le bilan à «6457 projets réalisés», et son président pourra déclarer que «la mission a été accomplie et que la fête a enfin atteint sa maturité et retrouvé son véritable sens».

Les idéologues ne sont pas le peuple, et il est difficile de savoir jusqu'à quel point cette analyse du document officiel de la fête nationale pourrait s'appliquer à la mentalité populaire ou à l'idéologie des intellectuels. Cette question n'a pas été posée ici, et je ne dispose d'aucun moyen pour y répondre. On peut seulement dire que si le *Journal-souvenir* correspond à la pensée de nos guides, ils n'obtiendront jamais l'indépendance du Québec. Un tel «orgueil» et un déni si grave de la réalité rappellent ce texte accompagnant en 1957 le char «Sa Majesté la Langue Française»:

> *Or, voilà que nos frères anglophones veulent bien la reconnaître, aujourd'hui, comme un élément indispensable du caractère particulier de la nation qu'ils sont à bâtir avec nous. Si bien qu'Elle rayonne maintenant d'un océan à l'autre et qu'Elle est amoureusement épelée et chantée par des écoliers de notre sang depuis Halifax jusqu'à Vancouver.*

S'agirait-il vraiment de recommencer «une fois de plus à être ce que nous avons toujours rêvé d'être»?

En se détachant du courant progressiste, le nationalisme québécois est condamné à reproduire l'irréalisme gâteux du vieux nationalisme canadien-français. Le *Journal-souvenir* témoigne déjà de ce retrait égoïste de la nouvelle bourgeoisie québécoise et des classes petites-bourgeoises qui se reconnaissent en elle idéologiquement. Apeurée par la crise économique, cette bourgeoisie tente de nous resserver, de façon sédative, la culture populaire des années violentes, en même temps qu'elle bloque dans tous les domaines la croissance des moyens de production culturels. Mais c'est une camisole vide, qu'il faudra nous enfiler de force. Pensons et espérons les pires colères du peuple fourré, et rions, car la graine se décolle déjà; la queue de la bourgeoisie québécoise — comme aurait dit Mao — est une queue en papier...

> *Ce char est le symbole de notre orgueil.* [...] *La hauteur du paon est de 12 pieds et sa queue a nécessité 750 pieds de lanières de feuilles d'aluminium.*

NATIONALISME ET CULTURE: LES CAMPAGNES RÉFÉRENDAIRES

Les deux textes réunis dans ce chapitre, consacrés à la campagne du référendum, ont été transcrits à partir d'enregistrements. Sous la direction de Claude Godin, j'avais proposé sept demi-heures à la radio d'État sur le thème «Nationalisme et culture». Deux émissions se sont transformées en essais radiophoniques.

LA CAMPAGNE DU OUI

Le samedi 17 mai 1980, paraissait dans *Le Devoir* ce texte de Jean Royer pour saluer la fondation, quelques jours auparavant, du regroupement des écrivains pour le OUI:

> *Ainsi fut fondé le regroupement des écrivains pour le OUI. Mais ce OUI, au référendum du 20 mai prochain, était déjà inscrit dans et par leurs œuvres mêmes depuis longtemps. Les poètes ont nommé le pays. Ils ont conquis le terrain de son langage. Les romanciers ont exploré le territoire de notre imaginaire. Les essayistes ont défini les fondements de nos libertés. Et le projet collectif québécois, rapaillé en une littérature nationale, a pu être pris en charge par son peuple et par les hommes politiques, notre avenir enfin engagé. Car le 15 novembre 1976, le Québec est sorti de la littérature pour entrer dans l'histoire. Oui, l'imaginaire s'inscrit dans le réel.*

On sait que non, le 20 mai, l'imaginaire ne s'est pas inscrit dans le réel. Rappelons-nous aussi qu'au mépris de notre «Je me souviens» national, la période référendaire a sombré bientôt dans l'oubli, qu'on en évoque souvent l'issue, mais presque jamais l'histoire. Un spécialiste en sondage du Parti québécois déclarait récemment à un journaliste qu'il ne s'était pas écrit à Québec une page d'analyse sur le référendum. Au lendemain de la défaite, les dirigeants du Parti québécois exhortaient d'ailleurs leurs troupes à ne pas se lamenter sur le passé et à «aller de l'avant». On peut se demander où?

L'ordre d'oublier vint de haut. Et les troupes débandées furent lancées vers d'autres échecs québécois. Cette absence de réflexion sur l'échec référendaire, je l'évoque ici parce que d'abord je voudrais un peu la réparer, ensuite parce qu'elle caractérise peut-être l'alliance du nationalisme et de la culture. Oui, peut-être une culture nationaliste, un art nationaliste, une littérature ou une chanson nationaliste, au sens fort du terme, peut-être cela exclut-il la possibilité de penser, si penser est entendu au sens critique. Dans son éditorial du 12 mai 1980, Lise Bissonnette écrivait:

> *S'ils n'avaient pas été intimidés par les hauts cris qui les présentaient comme une majorité déjà hégémonique et menaçante, les Québécois francophones auraient pu revoir, au cours de la campagne référendaire, les raisons qui, vingt ans après la Révolution tranquille, en font toujours des seconds, ici.*

Or il n'y a peut-être pas que les excès de la campagne du NON qui aient empêché les Québécois de penser à un moment où il aurait fallu penser mieux que jamais. La campagne du OUI, quand on relit les journaux et quand on y pense, a fait elle-même très peu appel à la réflexion critique et s'en est plutôt remis à une «pensée» mythique, une sorte de pensée implicite, implicitement partagée par tous les Québécois — tous les Québécois québécois. Et la reconnaissance ou le rejet de cette pensée implicite ont servi, tout au long de la campagne, à départager les partisans du OUI et du NON.

Il se peut que la campagne référendaire ait eu peu d'influence sur son résultat. Certains croient même qu'elle n'en a eu aucun. Mais elle peut, en tout cas, servir de révélateur, car elle fut l'époque privilégiée du discours que l'on pourrait appeler national-culturel. Je ferai donc comme si la campagne référendaire avait déterminé l'issue, comme si la guerre des symboles et des discours avait décidé de la victoire.

Mon hypothèse est la suivante: pendant la campagne référendaire, à côté des discours national-culturels proprement dits, c'est un autre événement qui peut donner à penser l'échec idéologique du OUI, et cet événement est le soulèvement des Yvettes. Si, comme l'écrivait Jean Royer, avec la victoire du OUI l'imaginaire se serait inscrit dans le réel, la victoire du NON a constitué l'échec de toute l'intelligentsia québécoise et de son projet politique. Mais cette défaite n'aurait peut-être pas été possible sans un double mouvement de la part du NON. D'abord, une dénégation de l'importance de la langue et de la culture en général et de la culture québécoise en particulier, c'est-à-dire un dénigrement des valeurs à l'intérieur desquelles le OUI ne pouvait que l'emporter. Et en même temps, l'affirmation passionnée de cette négation, comme s'il s'était agi d'une affirmation précisément, en quelque sorte une négation culturelle de la culture ou une négation mythique du mythe. Or, c'est le mouvement des Yvettes qui a rempli de façon exemplaire ces deux fonctions — peut-être parce qu'il constituait une négation féministe du féminisme.

Est-il besoin de rappeler que la campagne du NON tout entière s'est structurée selon cette logique de la négation positive et qu'elle a triomphé parce qu'elle a réussi à apparaître comme une négation québécoise du Québec ou une affirmation québécoise de la négation du Québec. Son slogan «Mon NON est québécois» exprimait génialement, poétiquement même, cette logique de la négation affirmative, de la négation nationaliste du nationalisme. Dans «Mon NON est québécois», la négation se fait passer pour la nomination, le NON recouvre le nom.

Mais revenons aux discours à incidences culturelles et à l'importance de la culture et des travailleurs de la culture dans la campagne du OUI. J'ai dit que la pensée du OUI n'avait pas été une pensée critique, mais plutôt une pensée mythique, implicite et unanimiste. J'appelle pensée mythique ou fantasmatique un discours comme celui de Jean Royer, cité tout à l'heure: «Les poètes ont nommé le pays, les romanciers ont exploré le territoire de notre imaginaire. Le 15 novembre 1976, le Québec est sorti de la littérature pour entrer dans l'histoire. Votons OUI et l'imaginaire s'inscrit dans le réel.» Le résultat du 20 mai a malheureusement décidé que c'était ce discours qui était «imaginaire». Cependant, le mythe a une fonction dans la société, et il serait absurdement rationaliste de le condamner parce qu'il n'est pas «réel». Le mythe est une composition symbolique, élaborée par un groupe pour compenser, à ce niveau du symbolique, ses lacunes, et pour y accomplir l'impossible synthèse de ses parties contradictoires. Le mythe témoigne donc de la réalité dans la mesure où il la manque, dans la mesure où il en manque. Un mythe messianique comme celui de l'avènement du Québec, du Pays québécois, s'est évidemment élaboré dans des chansons, des poèmes, des livres, des films, des toiles. Ces constructions symboliques se sont érigées à la place de ce qui manquait dans le réel. La campagne du OUI a conçu la souveraineté du Québec comme la réalisation de ces œuvres symboliques. Mais un aveuglement, une incapacité de se déprendre d'un certain fantasme unanimiste a fait en sorte que les idéologues du Parti québécois n'ont pas vu que la culture québécoise n'avait pas pénétré dans une majorité de la population. Tout s'est passé pour les partisans du OUI comme si le fantasme anticipateur de la victoire avait été réellement puissant; on aurait dit que la certitude de gagner les avait rendus incapables de constater que ce fantasme n'était pas plus majoritaire que la culture québécoise. Le principe de réalité, réalité cassante, castrante, prendra la forme d'une mère implacable: Yvette. Ce qui s'appelle «frapper un nœud»!

Du côté du OUI, c'est la figure de l'artiste qui incarnera le «votant oui» par excellence, après, il faut le dire, une tentative désastreuse de confier cet emblème à la femme qui se libère.

Dans les discours du OUI, l'artiste c'est la vie, la création, le mouvement. Dire oui au OUI c'est dire oui à la vie. L'artiste paraît expurgé de son côté négatif, de son ambivalence, de tout rapport avec la mort, avec la perversion, le travestissement ou le mensonge. L'artiste est vie, il est vérité. L'artiste est la figure idéale du Québécois qui vote OUI. Et le Québécois pour le OUI est au fond un artiste en puissance. Jean Duceppe ira jusqu'à déclarer: «tous les artistes ont toujours dit OUI au changement», ce qui est évidemment faux. Le député Bertrand parle des NON qui sont des grognons, des OUI qui sont des épanouis. À la réunion de fondation du regroupement des écrivains pour le OUI, le 12 mai, le ministre Laurin déclare que «ceux du NON font partie du versant déclinant, ayant été désertés par la vie, par la création, par les écrivains. Les écrivains sont les architectes, les hommes politiques, les ingénieurs. Nous, hommes politiques, nous nous sommes mis à l'œuvre en politique pour rendre réel le pays imaginaire nommé par les écrivains». La veille, Jean Duceppe avait symétriquement déclaré à Québec devant les 10 000 personnes rassemblées pour accueillir la marche des artistes de Montréal à Québec: «Les artistes ont fait leur devoir en remettant aux politiciens le soin de réaliser leur rêve. Toute leur œuvre trace le chemin du pays.»

Cette conviction est largement répandue dans les discours de la période référendaire. On pourrait citer des exemples à l'infini. Le peintre Réal Piché écrit dans *Le*

Devoir du 14 mai:

> Monsieur Ryan, pourquoi soufflez-vous un vent qui éloigne de vous les intellectuels, les artistes, les éducateurs? Trouve-t-on à vos côtés les romanciers, les poètes, les peintres, les intellectuels qui font la vie culturelle du Québec aujourd'hui? Le OUI implique cette tension de tout l'être, vers un homme fraternel, beau et vrai, dont l'artiste, chaque artiste qui au fond de nous sommeille plus ou moins, trace constamment le visage.

Un lecteur, Paul-André Proulx, écrit au *Devoir*, le 10 mai:

> Le peuple québécois vit à l'heure actuelle un moment important de son histoire, un moment que la poésie d'Octave Crémazie à Gaston Miron annonce depuis fort longtemps. La poésie, à plusieurs égards, est un précurseur valable, car elle témoigne des aspirations d'un peuple. Les poètes ne sont pas des intellectuels qui se nourrissent de rationalisation.

Remarquons que l'opposition entre poètes et intellectuels confirme la prégnance d'une pensée mythique qui repousse la pensée critique et «intellectuelle» à la manière dont elle repousse le NON. Un musicien, Jean Laurendeau, écrit dans un article paru le 8 mai, toujours dans *Le Devoir*:

> Les OUI sont créateurs, ils ont conquis une liberté intérieure qui leur permet d'assumer les risques du pas en avant. Les OUI, en général, sont plus détendus, plus gais, ils ne veulent pas le pouvoir avant tout. Ils savent que leur vie n'en est pas une si elle n'est pas une vibration. Il faut s'ouvrir à la conscience de cette poussée créatrice qui, du fond de nous-mêmes, individuellement et collectivement, rendra possible la naissance d'un Québec souve-

rain. Les *NON* sont souvent tendus, crispés, rigides, pensent à la grandeur d'un Canada autoritaire. Ce dernier semble leur dire: «Attention, je ne vous aimerai plus». Ils ont peur, jettent autour d'eux cette peur.

L'audace de l'artiste capable de s'ouvrir à l'inconnu intérieur, d'accueillir la nouveauté qui habite déjà en lui, est présentée comme emblématique du Québécois québécois. Or, si on examine de plus près ces discours qui rêvent l'indépendance comme la réalisation suprême de la culture québécoise, on remarque une autre tendance générale qui consiste à décrire ce mouvement de réalisation de soi-même comme unification de l'être, unité retrouvée, retrouvailles, *retour de soi en soi.* Jamais les indépendantistes n'ont été si peu séparatistes. Au contraire, dans le fantasme panculturel de l'indépendantisme référendaire, une séparation aurait déjà eu lieu — au centre de l'être québécois. Et le OUI au référendum est présenté comme la voie de la réunification avec l'authenticité perdue. Là encore, l'artiste représente l'indépendantiste par excellence. Et cela, il faut bien le dire, au mépris ou en toute méconnaissance du fait qu'un artiste n'opère jamais par son art une appropriation d'identité, mais au contraire ne peut qu'y perdre son identité et tout ce qui lui est «propre». L'artiste et le Québécois apparaissent ainsi dans le mythe du OUI comme des exilés, des exilés intérieurs, mais capables de se rapatrier grâce à une œuvre ou par la grâce d'un OUI. Cela n'apparaît nulle part plus nettement que dans un article de Bruno Roy, «Le oui-dire des chansonniers, OUI», paru dans *Le Devoir* du 13 mai.

> *La chanson est une manifestation privilégiée qui nous a donné les héros les plus purs de notre combat collectif. À un tel point que la fonction de prise de conscience est inhérente à la conception du chansonnier. La réponse massive que les gens ont accordée à la parole des chansonniers québécois donne un sens idéal à la recherche actuelle du pays.*

> *Rappelons-nous que le pays à découvrir constitua, en 1960, le démarrage spontané et nécessaire du phénomène social de la chanson québécoise. Par les chansonniers, les gens ont acquis la certitude d'une culture qui leur est propre et c'est moins autour des idées que des symboles qu'ils se sont réunis. Ce que les chansonniers nous ont fait comprendre, c'est que le Canada est un mythe patriotique. Ils nous ont éloignés de cette fidélité aveugle qui nous fait croire à une identité canadienne par essence. La conscience du pays s'élargit et, de conscience culturelle qu'elle était, débouche sur le problème politique. Rétablir l'unité entre le pays et sa conscience. Et le projet politique, ici, consiste à réduire l'écart entre l'identité québécoise et la société québécoise.*

Faire coïncider identité et société; réunir le pays et sa conscience. Cette opération intérieure, l'artiste en est à la fois le modèle et l'initiateur prophétique. On ne peut s'empêcher ici de songer au rôle joué par l'artiste dans le programme des Romantiques allemands. L'artiste, véritable prophète, était pour eux caractérisé par le fait qu'il sait résoudre la division de son être et qu'il a son centre en lui-même. Et cette autonomie, il l'emprunte à un modèle, la femme forte, la femme autonome, pour ne pas dire la femme indépendante. Ce qui pourrait jeter une lumière sur le rôle des Yvettes dans la campagne référendaire. Il existe d'ailleurs de nombreuses analogies entre le Québec moderne et l'Allemagne romantique, où le nationalisme pangermanique se trouvait en gestation. La fonction prophétique accordée à l'artiste génial, une admiration envieuse et jalouse, parfois renversée en haine, à l'égard de la France, un appel à la restauration de ce qui est «purement et proprement» national, la vision du rôle messianique de la nation dans la régénération d'un monde ayant perdu contact avec la vraie vie (je pense, pour l'Allemagne, au Novalis de *La Chrétienté ou l'Europe*; pour le Québec, à ce qu'André Beaudet appelait, en mai 1980, «l'utopie souveraine» de Paul Chamberland, qui proposait d'établir au Québec un territoire d'accueil et de convergence terrestre).

Dans le même ordre d'idées, Huguette Demers, dans *Le Devoir* du 17 mai 1980, commentait en ces termes l'ouvrage de Pierre Vadeboncœur, *To be or not to be, that is the question*:

> *Il faut parler au peuple québécois. Qu'il se donne à lui-même le spectacle de sa verticalité. Le peuple, explique Vadeboncœur, comprendra toujours ceux qui vraiment lui parlent. Il faut donc tout lui dire. Mais à commencer par ce qui va droit au cœur et ne pas lui parler que de son argent. Le seul chemin, c'est celui du cœur. Il est royal. Le peuple lui-même, subitement, devient alors royal. Il l'a toujours été d'ailleurs. Et puis, il tranche, il choisit généralement la liberté.*

Si le peuple a toujours été royal, qu'est-ce que cela signifie qu'il puisse le devenir quand on lui donne le spectacle de sa verticalité? L'artiste donne un spectacle qui est le reflet spectaculaire ou spéculaire du peuple vertical? Quand l'artiste s'érige, il accomplit l'érection nationale? Mais pourquoi alors l'indépendance? Pourquoi une libération si le peuple est déjà dressé, s'il a toujours été royal?

Gaston Miron déclare, le 12 mai: «Je sais que la crainte des écrivains est d'être récupérés par le pouvoir. À l'heure actuelle, je ne pense pas qu'on se fasse récupérer par quelque pouvoir que ce soit. Ce qui nous récupère, c'est le peuple.» Quand Gaston Miron déclare cela, de quoi parle-t-il? Si le peuple en marche vers le OUI imite la longue marche des poètes, l'artiste serait-il récupéré par le peuple libéré par le OUI de l'artiste? De même, un dépliant du MÉOUI, le Mouvement étudiant pour le OUI, distribué chez les personnes âgées, remerciait celles-ci de «s'être battues pour conserver et transmettre notre tradition culturelle». Et ce dépliant expliquait que les aspirations des jeunes d'aujourd'hui «vont dans le même sens que celles qui vous ont toujours animées». Pas un mot sur la déchirure à opérer. Surtout pas. Pas étonnant que la situation soit aujourd'hui semblable à celle que les vieilles personnes ont, justement, toujours connue. En réalité, cette conception des rapports entre le peuple et la culture suppose au peuple une force, une noblesse, une grandeur, une audace que seul le geste qu'il n'a pas encore posé pourrait lui donner. Un geste que ce discours l'empêchait peut-être de poser en lui renvoyant une image illusoire de sa force.

Peut-être les Québécois, lors du référendum, au lieu de s'encenser, auraient-ils dû exagérer dans l'autre sens: «nous sommes bêtes, nous sommes laids, nous sommes pauvres...» Mais rien n'a pu renverser la logique aveugle de la force d'affirmation puisée dans le fantasme. Au lieu de favoriser l'autocritique, ce nationalisme nous a précipités de l'insuffisance au sentiment d'une puissance illusoire. Il n'a pas suffi au OUI que Reggie Chartrand gagne son combat de boxe pour le OUI. Rien n'a changé non plus quand le soir de la défaite, au centre Paul-Sauvé, des dizaines de milliers de perdants ont acclamé René Lévesque pendant dix minutes avant de le laisser parler, comme s'ils avaient gagné — véritable déni de réalité. Et comme au Québec tout finit par des chansons, René Lévesque a entonné, pour finir, et pour nous lancer «vers la prochaine», *Gens du pays*.

La défaite du 20 mai a frappé en plein cœur, chez des milliers et sans doute des centaines de milliers de Québécois, un désir dont la réalisation avait été espérée des dizaines d'années avec une intensité croissante, et avec la certitude de plus en plus grande qu'elle ne pouvait pas ne pas se produire. La valeur et la profondeur de ce qui a été défait semble pourtant encore échapper à l'attention.

LA CAMPAGNE DU NON

Dans *Le Devoir* du 19 avril 1980, Nicole Brossard citait ces propos d'un agent déstabilisateur de la droite chilienne à l'époque de l'Unité populaire:

> *Une fois que nous avons vu marcher les femmes chiliennes, nous avons su que les jours d'Allende étaient comptés. Nous avons appris aux Chiliens à utiliser leurs femmes contre les marxistes. Les femmes constituent l'arme la plus efficace en politique. Elles ont du temps, elles sont douées d'une grande capacité émotionnelle et elles se mobilisent rapidement.*

Au début de la période référendaire, le mouvement des Yvettes a donné à la campagne du NON l'élan qui lui manquait encore et qu'elle aurait pu ne jamais trouver. Nicole Lacelle écrivait, dans *Le Devoir* du 25 avril:

> *À travers sa manœuvre face aux femmes, la droite se retrouve enfin mobilisée. Ça fait des années, au Québec, que la droite n'a pas été populaire. Elle a le pouvoir, bien sûr. Mais «populaire» au sens d'avoir un autre type d'accès aux médias, d'avoir un haut-parleur, d'organiser des assemblées de masse, la droite prend maintenant un élan extraordinaire. La droite a réussi à associer le NON au mépris; mépris des femmes et NON au référendum, et sa manière de le réussir fait en sorte, de plus en plus, que le NON s'en va à droite.*

Tel fut en tout cas, du côté du NON, ce que *Le Devoir* appellera «la rampe de lancement de la campagne référendaire». C'est là aussi qu'a commencé le véritable brouhaha. Le vacarme passionnel du NON, celui qui devait faire monter désormais chaque jour le ton des échanges, des insultes et des accusations, et rendre impossible, ou en tout cas inaudible, la pensée. C'est aussi avec les Yvettes qu'il le OUI s'est trouvé mis sur la défensive, mis en accusation. Les mots de fascisme et de totalitarisme seront bientôt lancés par Ryan, et l'on jettera aux Québécois ce que Lise Bissonnette a appelé «ces hauts cris qui les présentaient comme une majorité déjà hégémonique et menaçante». Derrière le seul Claude Ryan et son discours méticuleux, les troupes fédéralistes n'auraient peut-être jamais décollé. Cet homme qui pèse et soupèse ses mots, totalement dépourvu de charisme et d'aura mythique, a été lui-même soulevé et érigé par la négation passionnée des Yvettes, capables, elles, de diriger l'aggressivité des masses dans une direction simple et violente, plus chargée de force que de réflexion.

Or les Yvettes ont été la réponse du NON, moins peut-être au OUI qu'à la culture nationaliste du OUI et à sa manière de proposer en modèle la sensibilité créatrice de l'artiste québécois. Les Yvettes ont accompli ce qu'on n'aurait jamais cru possible, la négation passionnée et culturelle de la passion et de la culture québécoises, une négation mythique du mythe. Et il faut insister sur la structure logique de cette formidable affirmation négative des Yvettes. Elle procède de la même manière que «Mon NON est québécois», en raturant la nomination et tout ce qui ressemble à «nommer le pays», à l'aide de la négation. Cela retourne le Québec nationaliste contre lui-même, puisque pour la culture nationaliste panquébécoise, une phrase comme «Mon NON est québécois» n'a pas plus de sens que n'en aurait «Mon suicide est une affirmation de vie».

Les Yvettes ont réussi à retourner le modèle du «votant OUI» emblématique proposé par le discours mythique péquiste: la femme qui se libère. Elles ont aussi servi à disqualifier ensuite l'image de l'artiste prophète, autre modèle du peuple en mouvement. Mais elles-mêmes furent d'abord la réaction à la tentative péquiste, notamment de Lise Payette, mais aussi de René Lévesque et de Corinne Lévesque, d'établir une analogie entre la femme qui se libère et le Québécois qui se libère. Si la campagne du NON a tenté et réussi une négation québécoise du Québec, cela a commencé par la négation féministe du féminisme. Yvette, la petite fille soumise, la future hétérosexuelle monogame au foyer présentée par les manuels scolaires, est devenue pour les Yvettes un NOM agressif, le nom de leur force en masse, le nom de leur NON et de leur fermeture à la pénétration péquiste, de sorte que le nom de l'Yvette aliénée deviendra, comme le leur dira la sénatrice Casgrain, un nom signifiant «femme active». «Mon NON est québécois», «Ma féminité est celle d'une Yvette», deux affirmations de la négation qui ont ouvert la voie à toutes les acrobaties logiques de la campagne du NON, notamment à celle du premier ministre Trudeau: «Un OUI au référendum sera un NON à la négociation, un NON au référendum sera un OUI au renouvellement.» Ce sont d'ailleurs les Yvettes au Forum qui, les premières, ont lancé la formule reprise par Trudeau: «Voter NON, c'est voter pour le changement.» Elles avaient trouvé quel Québec on allait passer aux Québécois.

> *(Documents d'archives sonores de Radio-Canada, de la Soirée des Yvettes au Forum de Montréal. On entend Solange Chaput-Rolland). «Et jamais autant que ce soir, à Montréal, ne me suis-je sentie si fière d'être femme, d'être Québécoise et, avec vous, d'être Canadienne.» (Une autre oratrice) «Voulez-vous céder votre droit de propriété sur un demi-continent fabuleusement riche qui s'appelle le Canada et que vos ancêtres ont exploré et colonisé?» Non, répond la foule. «Voulez-vous renoncer à votre précieux passeport canadien qui vous ouvre toutes grandes les portes du monde?» Non, répond très fort la foule. (Le document se termine par un extrait de «Hello Dolly», joué par l'orchestre ce soir-là.)*

Rappelons l'origine du mouvement. La ministre d'État à la condition féminine, Lise Payette, avait invité les femmes à dire OUI en leur présentant comme repoussoir le modèle de l'Yvette aliénée. Dans le style (unique au monde) de l'humour ministériel québécois, elle avait ajouté: «Claude Ryan est justement le genre d'hommes que j'haïs. Des Yvettes, lui, il va vouloir qu'il y en ait plein le Québec, il est marié avec une Yvette.» Du jour au lendemain, organisé, rappelons-le, par des femmes connues qui n'ont rien d'Yvette, mais qui sont autonomes sinon libres, les Yvettes-fières-de-l'être se rassemblent sous la bannière commune des «femmes-au-foyer-insultées-et-bafouées-par-la-ministre-féministe».

Elles n'auront cure des excuses et précisions piteuses de la ministre. Dans l'enthousiasme quasi fasciste de leur pullulement organique (cela rappelle les mères hitlériennes ou mussoliniennes), elles se découvrent fortes, appréciées et craintes dans la Cité. Le brunch des «Yvettes» avait rassemblé 1700 femmes à Québec. Quelques jours plus tard, elles se trouvaient 15 000 au Forum de Montréal pour clamer leur amour du Canada. *Le Devoir* écrit le 8 avril que «l'événement est unique dans les annales politiques, voire sociales du Québec». Le lendemain, le *Journal de Montréal* annonce que «toute la province veut avoir sa réunion des Yvettes et que déjà le mouvement est enclenché en Abitibi, où la réunion de masse doit avoir lieu dans quelques jours». *Le Devoir* du 8 avril: «Un organisateur libéral du Québec n'en revenait tout simplement pas.» Le *Journal de Montréal* du 9: «Les fédéralistes sont dépassés par le succès des Yvettes.» *La Presse* du 26: «L'ouragan Yvette atteint Sept-Îles.»

Les Yvettes donneront en quelque sorte un contenu sexuel à la campagne référendaire, pour le malheur des forces du OUI. Les métaphores sexuelles, en effet, vont se répandre et conférer une épaisseur libidinale au discours du NON. Ryan sera présenté au Club social de Sherbrooke comme «l'amant de toutes les Yvettes». Le 9 avril, il reprochera à Claude Morin de s'être «mis à quatre pattes devant le socialiste français Michel Rocard pour lui sucer une approbation de son option politique». René Lévesque aura beau traiter les députés fédéraux du Québec de «cocus contents», tout se passera désormais comme si le sens, comme si la possibilité de faire sens de manière passionnelle était passée du bord du NON, grâce à l'apport par les Yvettes d'une formidable charge libidinale. Dépassés, oui, soulevés, dressés par plus phallique qu'eux, les hommes du NON l'ont été par la passion négatrice des Yvettes contre les péquistes, contre «la séparation».

Elles-mêmes sont tout à fait conscientes de venir à la rescousse du phallus fédéraliste défaillant. Comme le dit Lina Allard au Forum: «Si les gouvernements en place sont las de la lutte, qu'ils cèdent la place aux femmes.» Une lectrice de *La Presse*, qui signe Solange «Yvette» Beaudouin, l'exprime encore plus clairement dans cette lettre parue le 6 mai:

> *Au cours de l'histoire du monde, la femme ordinairement effacée s'est manifestée fortement chaque fois que l'équilibre d'un pays était menacé. C'est le phénomène extraordinaire que nous vivons actuellement et que peu d'hommes semblent comprendre. Nous, les femmes, formons la partie stable d'un peuple, la référence, l'appui en cas de menace. Combien d'adultes en danger n'ont pas crié cet appel de détresse: «maman».*

La suite de cette lettre offre le tableau complet du rapport des Yvettes avec la culture québécoise:

> *Aujourd'hui, on demande à Miss Québec de dire OUI ou NON. Le Parti québécois fait le beau merle, il nous chante la pomme. Dis oui ma chérie et je te ferai voir de beaux rivages. Divorce le grand fédéral et viens goûter le petit Québec socialiste. Eh bien non, je préfère ce que je possède. Qui veut vivre comme dans les pays socialistes? Pas moi. Claude Morin est toujours rendu en France pour discuter avec les socialistes. Jacques-Yvan Morin*

fait de même. René Lévesque reçoit des médailles en France et reçoit Monsieur Barre à grands frais au Québec. C'est pas clair pour vous ça! Oui, je me souviens de la France qui nous a abandonnés, il y a 300 ans [sic], *tout nus dehors, les deux pieds dans la glace. Maintenant qu'on a réussi à quelque chose, ils nous disent: «Bonjour toi, y'a-t-i longtemps qu'on s'est pas vu?» J'aime les Français, mais chez eux, et je n'apprécie pas qu'ils viennent brasser dans mes chaudrons.*

Le discours «Yvette» comprend donc, à côté d'éléments conservateurs classiques, comme de prier pour le NON, la vieille francophobie cléricale. De plus, l'amalgame est constant entre Français et socialistes. Au Forum, la sénatrice Renaude Lapointe demandait aux femmes si elles voulaient d'une «néo-colonie socialiste télécommandée par nos cousins d'outre-mer». La mère craint que son fils n'aille outre-mère et elle fait passer sa propre domination pour une protection contre le risque d'une domination étrangère. Peut-être les Yvettes donnent-elles à comprendre le sens profond de la francophobie canadienne-française: dans leur discours, les péquistes apparaissent comme des fils qui tentent une séduction trompeuse et qu'il faut castrer pour les remettre à leur place et pour empêcher qu'ils ne dilapident l'héritage, le phallus patriarcal, le Canada si grand, si beau et, surtout, l'éminence des Montagnes Rocheuses.

«Il y a longtemps que les femmes ont appris à dire NON aux beaux parleurs», dira Michèle Tisseyre. «Voter OUI serait abandonner notre droit d'aînesse contre un plat de lentilles», reprend Lina Allard. Et la sénatrice Thérèse Casgrain: «On ne se laissera pas prendre avec des airs de guitare et des chants de mouettes.»

La guitare et la mouette, comprenons-le, représentent la culture québécoise. Jacques Godbout écrivait dans *Le Devoir* du 19 avril: «Aujourd'hui, quand elle entend chanter Gilles Vigneault, une moitié de ma société croit entendre un discours péquiste.» Et il est vrai que pour les Yvettes et la masse des NON, le refus de l'option péquiste va de pair non seulement avec le refus du socialisme et de l'outre-mer, mais avec le refus de la culture québécoise et de l'artiste québécois, et même avec le dénigrement de la culture et des artistes en général, comme d'ailleurs avec la dénégation de l'importance de la langue, rabaissée au niveau d'un simple outil de «communication», «secondaire dans la vie».

Au Forum, les Yvettes battent des mains au rythme de «Vive la canadienne», «*Eidelweiss*», «*Hello Dolly*», «*When the Saints Go Marching In*». À Québec, le 7 mai, l'assemblée pour le NON, avec Trudeau, Lesage et Ryan, s'accompagne de musique disco pendant qu'au Colisée les OUI se récitent des poèmes, écoutent des chansons québécoises. Claude Ryan, un autre jour, rabroue ses troupes qui l'accueillaient avec *Gens du pays*, «Mon chè-er Claude, c'est à ton tour...» Une Yvette, Jacqueline Clermont-Lanier, écrit dans *La Presse* du 23 avril: «Nous les Yvettes nous n'avons pas besoin des lumières des comédiens, poètes ou chansonniers pour nous aider à réfléchir.» Empruntons enfin à la lettre signée René Sicotte, dans *La Presse* du 6 mai, le mot fédéraliste de la fin sur les artistes: «Quand je pense à tous ces artistes qui appuient le gouvernement, quand on sait que les compagnies de finance les classent au dernier rang quant à leur crédit, quelle valeur leur jugement d'administrateur vaut-il?» Oui, quelle valeur vaut un artiste? Un péquiste à guitare qui chante les mouettes... Il faut savoir dire NON. Jean Chrétien le dit, à la télévision: «Je dis plus souvent NON que OUI à mes enfants.» Cette autre lectrice de *La Presse*: «Les péquistes sont comme des adolescents, dont l'identité personnelle n'est pas encore claire et qui se définissent par opposition à leurs parents.»

(Document d'archives sonores de Radio-Canada, de la soirée des Yvettes. Une interview dans la foule. «Pour quelle raison êtes-vous ici?» «Pour le NON. En même

temps, pour se rassembler, pour se voir toutes ensemble, pour qu'on soit toutes ensemble pour le NON. Parce que, voyez-vous, j'ai ma pension de vieillesse, j'voudrais pas m'a faire couper moi.» «Oui, mais c'est quoi, ça, une Yvette?» «Yvette, c'est un groupe qui est toute ensemble, pis y en a une qui s'appelle Yvette. *(Des macarons autocollants) A nous a toutes passé ça, pis on a toutes collé ça après nous autres.»* (Une autre) *«Je suis venue pour nous défendre. Pour le NON.»* «Et vous défendre de quoi?» *«Pour rester dans le Canada.»* «Qu'est-ce que c'est, être une Yvette?» *«Ben... on m'a dit c'tait une femme... une bonne femme au foyer? c'est ça une Yvette?»* (Une autre) *«Et ce que Lise Payette a dit... c'était des niaiseuses. Mais je ne crois pas qu'une femme au foyer soit une niaiseuse, qu'elle sache rien. Elle a ridiculisé madame Ryan, puis ça nous a fâchées. Je suis une femme au foyer moi aussi, puis je suis fière de l'être.»* (Une autre) *«Moi j'ai quarante ans. On a travaillé énormément pour avoir ce qu'on a présentement, je veux qu'on le garde tout simplement. Moi, je ne suis pas contre le Parti québécois, absolument pas, excepté que je vote NON pour garder ce que j'ai. Je suis bien dans ma peau moi madame.»* (Une autre) *Je suis ici parce que j'ai un beau pays et que j'veux le défendre. J'ai décidé de sortir de ma cuisine, même si je suis une femme qui travaille, je suis enseignante. Je suis bien dans ma peau; qu'on m'appelle Yvette ça me dérange pas, je suis bien dans ma peau.»* «Mais pourquoi vous portez un macaron avec le mot Yvette?» *«Parce que Yvette c'est une femme et j'en suis une. Voilà!»* «Est-ce que c'est parce que vous vous identifiez plus à madame Ryan qu'à madame Payette?» *«Je m'identifie juste... ni à l'une ni à l'autre. Je m'identifie à mon pays, qui est le Canada.»* (Fade out *du document avec* «Hello Dolly».)

Dans la campagne du NON, la dimension culturelle est ainsi réduite au domaine du divertissement, de l'immaturité, séparée de sa signification sociale et politique. C'est ce que Léon Dion, le 13 mai, dans *Le Devoir,* reproche aux tenants du NON: «Au Québec, les questions de langue, de culture, d'économie et de politique sont articulées les unes aux autres de façon à procurer à la crise une portée intégrale.» Et Dion s'en prend ensuite à ce qu'il appelle «l'incompréhension de la nature véritable de la question linguistique et culturelle de la part des protagonistes du NON».

Cette incompréhension repose sur une dénégation de la langue et de la culture. Dans un article pseudo-savant pour le NON, paru le 6 mai dans *Le Devoir,* l'ex-doyen de la Faculté des sciences sociales de l'Université de Montréal, Philippe Garigue, nous apprend qu'«entre 1960 et 1970, aucune des recherches faites aux universités de Montréal, McGill ou Laval n'a confirmé l'hypothèse d'un système culturel fondamentalement différent et totalement spécifique aux habitants du Québec.»

En réalité, la critique de l'indépendantisme québécois vise aussi l'importance jugée excessive de la culture et de la langue chez les indépendantistes, et surtout le lien que ceux-ci établissent, à la manière de la gauche française, entre le politique et le culturel. Ceci s'exprime clairement chez un écrivain fédéraliste comme Gilles Marcotte, dans *La Presse* du 17 mai:

> *Je ne crois pas que les écrivains aient des compétences spéciales pour décider du destin d'un peuple. Je fais la distinction entre culture et politique, ce n'est pas une distinction très populaire en ce moment. Je n'ai pas tendance à surfaire l'importance de la politique, je n'attends même pas d'un État qu'il me donne tous les moyens de vivre. À mon avis, la politique est un domaine spécifique qui ne couvre pas l'ensemble de la vie humaine.*

À ce point de son discours, et rarement avec autant d'intelligence, la campagne pour le NON s'est approprié la critique contre la prétendue tyrannie gouvernementale et l'emprise excessive de l'État. Comme si cette critique de la culture d'État québécoise se réclamait, elle, de la libre entreprise. Pas étonnant que contre les appuis français à la cause souverainiste soient venus des appuis américains à la cause fédéraliste. Ce clivage va chez telle Yvette jusqu'à prendre Raymond Barre pour un socialiste. Pas étonnant non plus qu'aux artistes, majoritairement OUI, se soient opposés les hommes d'affaires, majoritairement NON. Évidemment, l'ennuyeux pour le OUI c'est que 26% des Québécois seulement, selon un sondage paru le 8 mai, accordaient beaucoup ou assez d'importance aux prises de position référendaires des artistes, alors que 52% accordaient beaucoup ou assez d'importance aux prises de position des hommes d'affaires et des présidents de grandes compagnies. Certes, on voit des fédéralistes se préoccuper de culture. Mais vraiment cela paraît dérisoire en comparaison de ceux que rassemble le OUI. Il y a bien Rosita Salvador et Claude Blanchard, il y a bien le Conseil pour l'unité canadienne qui offre un voyage en Saskatchewan au gagnant d'un concours littéraire sur le thème «Le Canada c'est toi et moi», avec un jury composé, entre autres, d'Émile Genest et de Tante Lucille. Mais la réalité, c'est que la campagne du NON s'est faite principalement contre la culture, contre la valeur politique de la culture *et donc contre la politique*, faute de quoi le NON serait parti perdant. Aussi, le soir de leur victoire, les NON sont demeurés chez eux, tranquilles, et ont laissé la fête au désespoir des perdants.

Dans un article paru dans *Le Devoir* du 19 avril 1980, l'écrivain Jacques Ferron évoquait à la fois sa fin prochaine et le pays à venir:

> *Les morts vivotent quelque temps et finissent par mourir eux aussi. Mais alors, au lieu de se dissoudre à jamais, sans plus de contour ni de couleurs, dans l'immatériel, qu'il fût l'absolu de Dieu ou le vide du néant, ils pourraient le faire plus simplement dans le sein de leur pays,*

pourvu que ce pays en soit devenu un, non plus un pays de fait, mais un pays de droit. Un pays reconnu, un pays qui ait un dedans et un dehors. Ce serait un pays où les morts pourraient reposer en paix, tels qu'ils ont été, en gardant leur identité.

Ferron demande que son pays se dresse, qu'il s'érige comme un tombeau afin que l'identité de l'écrivain mort ne s'y perde pas. Il veut que le pays remplace l'absolu de Dieu, qu'il remplace le vide du néant. Et là peut-être réside une erreur de toute la campagne du OUI et de la culture québécoise nationaliste. Là peut-être les artistes tendent la main aux féroces mères Yvettes, gardiennes de l'unité et de l'identité. À moins qu'elles ne soient comme la mère de Nelligan, chez qui un mort ne peut reposer en paix, la folie précédant de longtemps la mort. Comment écrire sans défaire l'identité, sans porter atteinte à l'intégrité? L'écrivain qui demande une terre intégrale, gardienne de l'identité, fait forcément alliance avec la mère Yvette, l'étouffeuse, celle qui noya en elle Nelligan au bord de l'âge d'homme, au bord de l'indépendance. Celui qui demande un intérieur et un extérieur verra le trou s'ouvrir pour l'accueillir dans l'identique et le pareil au même. Pour lui éviter d'avoir à s'affirmer en étranger parmi les étrangers, en orphelin parmi les orphelins, comme une nation dans la discorde internationale.

CRISE DE GLU

de la spécificité québécoise

En septembre 1982, Lise Bissonnette publiait dans Le Devoir *une réflexion sur la «spécificité culturelle» québécoise:* De notre agonie. *Le premier de ces textes répondait à un article de Fernand Dumont, paru le 3 septembre. Le grand sociologue s'y montrait inquiet de voir la différence de «l'être québécois» se perdre «dans le contexte d'un empire où apparemment nous ne comptons pour rien».*

Lise Bissonnette osa dire dans son premier article qu'il n'y a peut-être pas d'autre différence québécoise que celle de la langue. Pour le nationalisme, c'est «l'être» qui fait la langue. Bissonnette remettait cette métaphysique à l'endroit: «Si nous réussissions enfin à mener nos propres recherches et à produire nos propres instruments d'éducation en français, c'est la langue que nous aiderions et non la construction d'une supposée différence ontologique...»

Le journal reçut quantité de réactions, pour la plupart indignées. Je ne résiste pas à l'envie de citer une petite colonne de la «récidive» de Bissonnette, d'autant que les textes des «définisseurs mandatés» qu'elle cite elle-même sont des chefs-d'œuvre de noirceur, on n'ose plus dire «petite»... Il s'agissait donc de la difficile définition de notre «spécificité».

J'ai trouvé un début de réponse dans le livre blanc sur le développement culturel, volume I, d'ailleurs pertinemment intitulé *De quelle culture s'agit-il?* J'allais certainement tout comprendre. Page 49, après bien des détours que le ou les auteurs reconnaissent insatisfaisants (coutumes, recettes, langue, droit civil), on y arrive enfin: «Mais on dirait que l'originalité du Québec est *en dedans*. Quelque chose qui tient de la force tranquille et de la résignation, de la fierté et de l'hésitation, de la joie de vivre et de la protestation et de l'espoir, du conservatisme et de l'audace, du goût de la paix et de la résistance farouche, de l'esprit sédentaire et du sens de l'aventure, du réalisme le plus pragmatique et du rêve le plus utopique à la fois. Cette «mentalité» se présente à la manière d'une atmosphère qu'on respire.» Mille excuses, mais sauf pour la langue encore une fois, j'ai respiré la même il n'y a pas si longtemps à Terre-Neuve, et il y a un peu plus longtemps en Islande. En y songeant un peu, à Vancouver aussi. Si tel est mon «être propre», celui que le livre blanc m'enjoint de «défendre» pour «ne pas recevoir sans examen les modes et les idéologies qui courent le monde», il est peut-être propre et joli mais toujours pas très spécifique.

Je tombe ensuite, au hasard, sur un Dossier-Québec, publié aux éditions Stock en 1979 pour nous expliquer aux Français. Un professeur de sociologie et sous-ministre bien connu, M. Guy Rocher, entreprend de faire mieux comprendre que nous sommes des Nord-Américains, «mais différents des autres Nord-Américains». Il fait, lui aussi, le retour insatisfaisant vers la tradition, puis procède au temps présent. Le Québécois, dit-il, «apporte à ce qu'il fait, à ce qu'il dit, à ce qu'il change, un type de sensibilité, d'émotion, une sorte d'intelligence, un humour qui le distinguent». La lumière submerge enfin: nous sommes indicibles, et par là spécifiques.

En dramatisant à l'extrême les malheurs de la Cité, en les transfigurant par le mythe, les Grecs avaient inventé la tragédie, et personne ne leur a jamais reproché de s'être lamenté sur eux-mêmes. À l'heure actuelle, prétendre, comme Jean-Paul Desbiens (*Le Devoir*, 4 octobre 1982), qu'il n'existe pas de «cassure» québécoise, cela relève de la pire tendance canadienne-française (revue et corrigée par le libéralisme amnésique et optimiste), celle du «y'a rien là», celle du déni de réalité. À les entendre, ces Canadiens, le référendum serait *passé* — alors qu'il est évident qu'on commence juste à le vivre et à le penser. Enfin, la cassure existe *puisque* de très nombreux Québécois la ressentent comme un drame personnel!

Dans la crise mondiale actuelle, l'économie occupe l'avant-scène médiatique. Pourtant, cette crise est tout autant politique qu'économique. Pire: certains jours, on dirait une crise globale du génie humain. Battue et rebattue par les médias, la crise fait sa crise de nerfs, elle provoque l'état de crise: elle affole, elle précipite et rend frivoles les problèmes culturels, politiques, constitutionnels, elle ridiculise l'État et les politiciens. Prise de peur, la réflexion s'arrête; et c'est à qui, chez les intellectuels, se décollera de la masse en perdition. Ce décollement s'appelle aussi: «lutte pour les droits individuels» contre les «droits collectifs». Ah! les beaux jours pour les minorités grasses, «opprimées» par les majorités! Quel zèle pour la Liberté, dans leur lutte contre les «kolkhozes»!* Et dans leur haine de l'État et du syndicalisme, dressés l'un contre l'autre!

À d'autres, cela fait mal, jour après jour, de sentir le Québec se défaire, se décomposer. Pourtant, il faut tenir au sentiment de cassure, et surtout renverser le mot d'ordre de René Lévesque à son parti au lendemain du référendum: ne pas se poser de questions trop trop, de peur d'entraver l'action (mais les questions refoulées ont fait retour sous la forme de cette crise «des deux congrès» dont le P.Q. ne s'est pas remis). Il n'y aura pas de renouveau au Québec sans la fidélité — critique — de la mémoire à ce qui s'est passé; pas de «nouvelle» génération intellectuelle ou politi-

---

* Peu de temps avant la parution de cet article, un jugement du juge Deschênes avait stigmatisé la Charte de la langue française pour sa mentalité de «kolkhoze».

que sans une relance de la pensée là où le projet national de libération a été lâché, mis en crise et en quelque sorte retourné contre soi. C'est à ce retournement auto-accusateur qu'on assiste maintenant, chez ce peuple dont on pourrait dire, comme Jean Genet d'un de ses personnages: «Tous ses gestes de défense se modulent en caresses. Un poing parti pour donner un coup s'ouvre, se pose et glisse en douceur.»

D'abord, donc, reconnaître le drame, quitte à se l'exagérer. Comment nier que le 20 mai a signé l'échec non du seul P.Q., mais d'une culture en marche, élaborée pendant vingt ans et apparemment liée de toute nécessité à un aboutissement politique? Le 20 mai a donc signé l'échec (soyons trop optimistes: disons l'échouage) de l'intelligentsia québécoise et de sa classe politique la plus liée à la «culture québécoise». L'agitation soulevée par les articles de Lise Bissonnette montre que, malgré le trou, cette culture politique demeure vivante, mais semblable à elle-même, toujours marquée de l'immaturité intellectuelle et de la précipitation qui ont déterminé son flop dans les masses. Le flop du passage au politique à partir du culturel.

Rappelons-nous que, entre autres enjeux, le 20 mai fut la défaite de ceux qui reconnaissent un lien nécessaire entre la culture et la politique, devant ceux qui nient l'importance de cette liaison. De nombreux fédéralistes récusent même la dimension collective de la culture: «Si tu veux garder ton français, tu vas le garder; si tu le perds, même à Calgary, c'est parce que tu veux pas le garder.» Cette conception individualiste de la langue explique l'insipidité du français outaouais, abandonné par le «génie» de la langue. On ne semble même pas s'apercevoir, en ces milieux, que si les mots sont encore français dans la bouche des Trudeau, Chrétien, Joyal, etc., la tournure, la syntaxe, l'usage sont anglais.

En revanche, le Québécois de la «culture québécoise» prône la conception anthropologique de la culture, comme s'il étendait le champ d'action de cet insaisissable (mais très réel) génie de la langue à l'ensemble des activités québécoises, et finalement jusqu'à l'*être québécois*. C'est cette conception qui a frappé un nœud le 20 mai, c'est elle que Lise Bissonnette a voulu débusquer en osant écrire: il n'y a pas de spécificité culturelle québécoise. J'ajouterai: il n'y a ici qu'une langue de différence — mais toute une langue.

La difficulté en pareille matière, c'est d'avancer une pensée divisée. On ne le permet pas. L'agglutination idéologique est telle chez les «gens du pays», qu'il n'y a presque pas moyen d'insinuer une pensée critique, double, à la fois indépendantiste et antinationaliste. Faut que ça colle, sinon: décolle!

À mon avis, Lise Bissonnette a d'abord raison contre Fernand Dumont et les adeptes d'un être québécois spécifique. De la langue française, Monsieur Dumont écrit: «Si c'était notre unique différence, nous ne ferions que traduire dans un idiome singulier ce qui n'a rien à faire avec notre être véritable.» Ruineuse métaphysique! La langue fait *toute* la différence québécoise, elle a déterminé notre histoire, et partant nos manières différentes de sentir, de prier, de penser, de fonder nos institutions et même de les contester. La langue fait l'être, non l'inverse. Seulement voilà: sommes-nous prêts à nous laisser travailler par la langue? En réalité, le Québec a développé à travers ses réformes (notamment les pédagogiques) sa propre négation, tordue par le paradoxe suivant: la différence québécoise repose sur la langue, or la langue semble «non américaine»; ce qui est américain, c'est la réduction du langage articulé au profit de l'*être*.

Les idéologues péquistes, cherchant notre différence du côté de l'être, travaillent peut-être sans le savoir contre le Québec français. Ce qui caractérise aujourd'hui l'individualisme américain et le véritable «complexe de Narcisse» qui le structure, c'est le reflux du Symbolique devant l'Imaginaire, c'est-à-dire le recul du registre du code articulé (reconnaître l'autre, s'écarter de soi, s'efforcer à un code commun) devant le registre des images, monde illusoire du Moi, lié aux identifications imaginaires et aux fantasmes. C'est donc aussi un repli du *nous* sur le *je*. L'élite américaine importe des artistes et des intellectuels de première force; l'Amérique exporte en échange, avec ses missionnaires et ses cultes, l'hédonisme infantile de ses masses, précisément sous forme d'images, bandes dessinées, films aux techniques «riches» et à la langue pauvre, *cartoons, video games* et autres «effets spéciaux». Et plus l'Amérique mondiale (car «l'Amérique» émane aujourd'hui de plusieurs pays et «américanise» les U.S.A. eux-mêmes) s'éloigne du langage articulé, se prenant à la magie des images, moins il peut y avoir de l'*autre* pour elle, il n'y a plus que du *même* partout. Quand voit-on un film étranger sur une grande chaîne américaine? Dans tous les pays, l'Américain parle anglais spontanément, avec son sourire en clin d'œil supposant l'identité essentielle des êtres au-delà de la différence «accessoire» des langues. C'est pourquoi ça les énerve, ces 250 millions d'anglophones, que nous ayons «l'esprit fermé» et qu'on ne veuille pas «s'ouvrir à la différence», qu'on impose le «rouleau compresseur du français» au mépris de la «liberté de choix» dans nos régions américaines. Disons-le nettement, cela les indispose de rencontrer la moindre différence; il n'y a pas dans «l'Amérique» la ressource mentale pour concevoir l'autre vraiment autre. Les Américains sont portés par le Un, Dieu, le Président, le All American, le melting. Et tous pourtant «individus», comme de raison. Pas divisés. *Tous fondus dans le chacun pour soi.*

Ici, je dois marquer mon désaccord avec Lise Bissonnette quand elle écrit: «L'impérialisme suave venu de Québec me fait bien plus peur que les multinationales de la culture qui opèrent à partir de New York.» Ne voit-elle pas que c'est la même glu captante, homogénéisante?

S'il faut combattre l'aplatissement culturel, il faut aussi se garder d'un entier retournement contre nos institutions, contre les syndicats, contre le gouvernement, contre l'État — nos fragiles structures collectives. Taper sur nous, reprendre contre nous-mêmes les accusations proférées après le 15 novembre par les anglophones les plus racistes à notre égard — oh! comme c'est canadien-français! Une défection, une décomposition dont l'auto-destruction de Claude Charron (s'en remettant à la fin, comme Ryan, et pour notre hébétude, à l'explication par la «main de Dieu») nous offre une image augurale peut-être... Le gouvernement élu à Québec par la majorité française n'opprime pas la minorité anglaise; il n'est ni totalitaire, ni raciste, ni antisémite. La mégalomanie de quelques idéologues du sirop d'érable ne doit pas nous renverser dans une volupté auto-accusatrice, nous agglutiner à l'envers, nous faire brûler, avec excès encore, ce que nous avons trop aimé, et qui nous ressemble tellement dans son échec, ce P.Q. qui réalise maintenant une incroyable unanimité contre lui, alors que se propose seule dans la réalité la régression libérale.

La différence et la minorité intolérée en Amérique du Nord, c'est celle du peuple de langue française du Québec. C'est se battre pour le droit à la différence, non se comporter en force totalitaire que d'imposer, sans «s'excuser de demander pardon», notre langue sur le territoire et dans les institutions du Québec. Évidemment, il faudrait aussi en favoriser le développement, et d'abord sous sa forme écrite plutôt qu'audio-visuelle (où le visuel l'emporte). Mais c'est un autre chapitre.

LA PEAU DE MARIA

sur «*Maria Chapdelaine*» de Gilles Carle

Tous les mythes à notre époque dépendent du cinéma et plusieurs y ont été directement élaborés. Nos héros, nos déesses, nos maîtres, nos lointains, nos vices, nos cultes, toutes les initiations et les passages de la vie, tout ce qui compte pour l'humanité moderne, toutes ses identifications imaginaires, et jusqu'aux formes des corps, jusqu'aux manières de les porter, ce qui brille à la folie, le sacré, la reconnaissance intime et l'adhésion du désir, tout est passé par l'écran, tout en rayonne vers nous comme du paradis exilé de nos identités. Télévision, bande dessinée, publicité, toutes les industries de l'image marchent avec le cinéma, économiquement et symboliquement. La littérature et les arts plastiques peuvent toujours dénoncer l'image, fracturer le miroir, «subvertir le sujet», s'acharner et se décharner à saisir la pure matérialité de leur propre substance, le registre de l'imaginaire a trouvé dans la pellicule en mouvement la forme consolante, le stupéfiant par excellence.

C'est en nourrissant les imaginations chez toutes les nations que la culture américaine s'est imposée comme la culture universelle de notre époque, avec tout ce qu'implique «culture», c'est-à-dire aussi des modèles économiques. Malgré la domination du cinéma américain, quelques nations ont pu continuer à se représenter pour elles-mêmes, les Européens par exemple, assez nombreux pour soutenir des industries cinématographiques nationales. Notre nation québécoise serait insuffisamment nombreuse pour assurer seule la prospérité de son cinéma? Ou serait-ce l'inverse: manquant d'une mythologie forte, les Québécois n'arrivent pas à se proposer à eux-mêmes une nourriture imaginaire appétissante? Ou encore, serait-ce parce que nous ne maîtrisons pas l'industrie de l'imaginaire, que nous arrivons mal à créer des pôles d'identification au moins partiellement québécois, assez québécois pour que notre «ouverture» aux productions étrangères, actuellement béante, cesse d'être aliénante? Cette explication est évidemment la bonne: pas d'industrie, pas de mythe. La culture québécoise, incapable de se fonder elle-même, en dépit de succès trompeurs, demeure toujours impuissante à défendre un esprit moderne contre la folie; aussi voit-on prospérer chez nous ce nouveau type de l'individu qui «fait comme», continuellement saisi par l'ironie de sa propre existence et abordant toutes les situations avec le sentiment d'avoir «vu ça» sur un écran. Que signifie aujourd'hui «colonisation culturelle», sinon que les contraintes matérielles et financières tiennent lieu de principe de réalité international, ce qu'une nation doit maîtriser pour réussir à se représenter, c'est-à-dire pour puiser dans sa propre culture, au moins partiellement, le système des représentations structurantes de son identité?

Le cas de *Maria Chapdelaine* intéresse parce qu'il offre l'exemple d'une œuvre n'ayant pu se réaliser qu'à de nombreuses conditions, dont l'ensemble dessine bien ce marché international de l'imaginaire auquel le cinéma québécois «doit» se conformer, s'il veut être convenablement distribué dans son propre pays, ou même seulement exister. Les cinéastes québécois qui veulent atteindre le grand public, gagner gros, créer les idoles modernes des masses consommatrices — autrement dit ceux qui ont choisi la voie «majeure» du cinéma industriel à économie capitaliste, un cinéma pour rêver et pour soutenir l'idéologie, pas pour la transformer — ceux-là doivent chercher leur capitaux en partie auprès de producteurs étrangers. Qui ne sont pas prêteurs placides, mais actifs au point de dicter au réalisateur une partie de ce qu'il doit montrer (et surtout ne pas montrer), et comment le montrer, avec quels collaborateurs, avec quels comédiens, etc. Pour faire *Maria Chapdelaine*, la présence de Carole Laure, par exemple, aurait décidé finalement les investisseurs français. Et François Paradis joué par un bel étranger, cela non plus n'a pas été dicté à Carle par son inspiration d'artiste. Il en est résulté ce symptôme «typique», un François Paradis à la voix doublée. Autres précautions des producteurs, sans doute, ces Français supplémentaires: le compagnon de chantier de François, et le curé. Très drôle. Le Français-qui-parle-mieux est en passe de devenir un personnage obligé du film québécois. De cette manière, au moins, les spectateurs français comprendront une partie du dialogue proportionnelle à leur investissement...

Pourquoi Gilles Carle convenait-il au projet? Comment a-t-il atteint le «niveau international»? Alors là, c'est très amusant, parce qu'un de ses premiers films, *La mort d'un bûcheron*, est justement pas mal connu en France. Et pas pour la qualité du film, mais à cause du corps de Carole Laure. On se rappellera que dans ce film elle jouait déjà le rôle d'une «Maria Chapdelaine» aux prises avec un «François Paradis». C'est comme si la première Maria avait fourni les fonds pour tourner l'histoire de la seconde. D'ailleurs, cette traite du corps de Laure par Carle se trouvait symbolisée dans la trame même du film: la prostitution de Maria par François, qui la vend à un vieux voyeur. Cela fournissait le prétexte à des scènes d'exhibition pas du tout pertinentes à l'intrigue, mais grâce auxquelles on tolérait l'insignifiance du reste. Autrement dit, Carle donnait aux spectateurs de son film la place même du vieux voyeur. En échange de quoi, évidemment troublé par la nudité flambante de Carole Laure, le sens critique obnubilé, on sortait de là perplexe... Après tout, le film était-il tellement mauvais? Des mauvaises langues osent prétendre que sans le corps de Laure, Carle ne se serait pas rendu loin; que les revenus de la traite de ce corps lui ont permis d'acquérir à la longue la maîtrise du métier dont il vient de donner des preuves remarquables avec *Les Plouffe* et *Maria Chapdelaine*. Évidemment, comme son personnage de Maria dans *La mort d'un bûcheron*, Carole Laure a participé elle-même à son exploitation, à la traite de son corps qui l'a hissée à ce «niveau international» où elle scintille maintenant, avec le pouvoir d'offrir aux producteurs récalcitrants la garantie de son nom au générique. Il n'y a pas d'ailleurs à juger telle ou telle personne. Tout le monde se vend, la traite est générale. «Il faut se vendre». Rien n'est bien vu comme d'y parvenir. Il n'y a que les mésadaptés ou les poètes pour appeler cela «se prostituer».

Entre *La tête de Normande Saint-Onge* et *Les Plouffe*, le saut qualitatif fut tel qu'il faut peut-être l'expliquer par le recours à un roman pour le scénario. Nos cinéastes depuis longtemps savent diriger, mettre en scène, monter; nos cameramen font de belles images, nos acteurs sont extraordinaires. Quelle obstination ou quelle méconnaissance engagent en plus nos réalisateurs à se prendre pour des écrivains et à «s'exprimer» en des scénarios ennuyants, mal ficelés, des constructions lâches avec une conclusion plate? On pourrait en discuter longuement, les rapports ne manquent pas avec l'ensemble des productions culturelles québécoises, où le texte est toujours la partie problématique. Un indice: la place généralement réduite des dialogues. Un film québécois, c'est un champ de neige avec des personnages solitaires et taciturnes; parfois des cris, l'éclat soudain, des borborygmes, rarement de longs dialogues bien construits. Maintenant, il semble qu'on arrive au cinéma parlant! Et on découvre qu'il y a une saison d'été! Peut-être a-t-on fait des films aphasiques pour ne pas montrer nos défauts de langue?

De *Maria Chapdelaine*, je m'attendais encore à du

silence avec de la neige en masse dans la bouche et les oreilles. Mais les Québécois sont gens de parole et de causerie, comme dit Vigneault, et Carle a bien lu Hémon, qui lui, de son côté, avait compris la valeur des mots dans le désert atemporel. «Notre espace dévore notre temps», m'a dit une fois Gilles Marcotte. Les mots demeurent le dernier sablier, la peau, la pellicule du sujet dans le bois sans voix. Sans voix, sans autre, sans butée tendre ou violente, nous nous exsudons, nous épuisons, nous écoulons, nous répandons sur «le pays». Parler, c'est le recours québécois contre la double adversité, de la nature vide ou de la ville anglaise. Or tout s'est passé comme si l'on avait souhaité purger nos films des mots, faire l'économie des phrases, toucher un imaginaire essentiel au-delà de la contrainte de symbolisation des dialogues. Un défaut général d'articulation entache d'ailleurs souvent les films québécois. Comme si on avait fait des films pour contourner nos problèmes de langue, qui sont des problèmes d'articulation, c'est-à-dire de pensée.

En tout cas, au «temps» des Chapdelaine, on parlait, on jasait. Cette soif inaltérable de paroles et du contact articulé pour repousser l'étrangeté hostile du Nord ou de l'Anglais, Hémon l'a inscrite dans son roman. Peut-être fallait-il que s'annonce la fin de l'époque d'anti-culture et de langue-silence, à tort considérées comme subversives depuis une vingtaine d'années, pour que *Maria Chapdelaine* puisse devenir un film québécois. Car ce n'est pas un roman de citadin taciturne, revenu aux bois pour fuir sa langue en démence, mais le texte des «voix» épiques, bâtisseuses.

Aux Français, ce texte offre une matière à la fois étrange et familière, un peu comme le corps d'une Québécoise. Étrange comme une Maria qui a «la peau d'une Indienne et le corps d'une Suédoise», selon le mot de son proxénète dans *La mort d'un bûcheron*. Mais assez familière pour jouer un rôle déjà tenu au cinéma par Madeleine Renaud et Michèle Morgan. Le 16 novembre 1976, *Le*

Monde entamait son article en première page sur les événements québécois par une longue citation: *Nous sommes venus, il y a trois cents ans, et nous sommes restés... Autour de nous des étrangers sont venus, qu'il nous plaît d'appeler des barbares... Au pays du Québec, rien ne doit mourir et rien ne doit changer...* On aura reconnu le discours de ces «voix», à la fin du roman, qui persuadent Maria de ne pas suivre Lorenzo aux États, de rester, de durer et d'endurer, avec l'épais Eutrope Gagnon. Ces voix, citées par *Le Monde* pour saluer le geste des Québécois, c'est un écrivain français qui les avait soufflées aux oreilles de la pucelle! Et pourtant, ne sont-elles pas l'emblème de ce qui prendra forme lentement sous le nom de littérature canadienne-française, puis de littérature québécoise? Évidemment, Hémon lui-même reprenait un discours «canadien» déjà ancien. L'extraordinaire, c'est qu'il ait symbolisé l'existence même du Canada français par la renonciation d'une jeune femme à la passion amoureuse. Lui, le Français, il a senti que cette «maturation» de la femme amoureuse, pleine d'un désir de vivre si grand qu'au-delà de François son objet est le paradis du dieu Eros lui-même — en femme mariée, résignée à se faire support, matrice, sol, à «faire de la terre» avec sa propre forêt sauvage de désirs, il a compris que cela symbolisait l'acte civilisateur canadien-français. Ou bien Louis Hémon aurait-il simplement pressenti chez nous et réinscrit avec force un schéma français fondamental? Après tout, une jeune fille qui entend des voix, des voix qui parlent du pays à sauvegarder, cela n'est pas sans antécédent dans l'histoire de France. Aussi le roman laisse-t-il hésiter notre lecture entre l'admiration pour une belle sensibilité d'homme, capable de s'identifier, au-delà de sa culture masculine et française, à une jeune femme «canadienne», et le soupçon qu'il s'est agi d'une opération française, d'une traite de femme patriarcaliste «à la française».

Alors, pourquoi *Maria Chapdelaine* aujourd'hui? Pourquoi les foules qui se pressent au Québec? Se presseront-elles aussi en France? Le public français «achètera-t-il» le film? On sait qu'il n'a pas aimé *Les Plouffe*, ce qui n'est pas étonnant, étant donné le personnage central de cet autre roman national. Prude, bigote, infantile, à la fois couveuse et incapable de «concevoir» la maturation virile de ses fils, cette mère niaiseuse est absolument étrangère à la culture française. Maman Plouffe est l'image même de la borne canadienne-française, la castrée castratrice, l'hyper-sensible sans raison, l'Yvette accomplie, celle qui ne peut se faire à l'idée que ses petits garçons deviennent des hommes parmi les hommes parce qu'elle connaît trop bien l'immaturité où elle les tient pour les en croire capables. Roger Lemelin n'a pas cessé de promouvoir politiquement et intellectuellement les valeurs liées à cette économie régressive dominée par la mère arriérée. En confiant la vente de son dernier roman à Provigo, il a conclu un autre pacte avec elle, pour qu'elle fasse téter au peuple son livre, comme un lait sédatif. Quel symptôme merveilleux! S'essaiera-t-il chez Félix Potin?

Un tel gâtisme ne peut que répugner aux Français, peut-être parce qu'il leur rappelle Vichy. Cette niaiserie, en effet, ces enfantillages signifient défaite et résignation. Ce monde où le curé n'est pas un homme habillé en femme, mais où la mère est un sous-curé sans pénis, peut-il passionner hors de «chez nous»? Quelques curieux ou historiens des cultures mourantes, peut-être. *Maria Chapdelaine*, au contraire, érige la femme fondatrice. La colonne. Que fonde-t-elle? Le père évidemment. Parce qu'il manque. François Paradis ou Samuel Chapdelaine, c'est le même homme. Le père mobile. Ou labile. François a vendu la terre paternelle pour courir les bois. Il donne dans la sauvagerie, préfère le plaisir, le rêve, le vagabondage, la marche, l'infinie liberté. Ce n'est pas ainsi qu'on bâtit la civilisation (il est vrai que certains Québécois sont fiers de leurs forêts comme d'autres de leurs cathédrales, comme s'ils les avaient faites...). Quant au père Chapdelaine, il travaille, il «fait de la terre», certes, mais il ne sait qu'ouvrir, déflorer, puis fuir devant la forme achevée. Il aime travailler l'orée, la lisière; frayer le passage entre l'homme et la bête, entre la forêt et la campagne. Entre l'arbre et la planche, cette belle terre «planche», comme dit la mère qui rêve des «vieilles paroisses». À en mourir. Et on sait que c'est au chevet de cette morte que Maria entendra les fameuses «voix» qui la décideront entre l'exil et la fidélité. Hémon ne s'est pas identifié à Samuel, à Télesphore, à Esdras, ni même à François Paradis. Il n'a pas choisi la peau d'un homme, mais celle d'une jeune fille, pour l'écorcher; c'est l'acte civilisateur, renoncer à l'espoir de jouir, élire le devoir à la rescousse du phallus qui branle dans le manche — bâtir son pays.

Pure fiction, illusion périlleuse. Car la mère Chapdelaine, puis Maria livrée aux maladresses d'Eutrope, en descendant les générations d'hommes rêveurs et de femmes-piliers, cela mène à la mère Plouffe. C'est la mère chez Michel Tremblay qui en rendra toute l'horreur. Tremblay, c'est Lemelin déshabillé par une sorte de Plouffe-fils qui a tourné «fille», comme de raison. Il décrit sa mère sans complaisance, et ce n'est pas beau à voir.

Parce que la mère ne peut rien fonder toute seule. Parce qu'une mère plus un curé, ça ne bâtira pas un pays. Il y faut cette autre illusion, un père, un père qui tienne son bout, qui cesse de bouger tout le temps dans la structure, qui se fixe et fixe les autres, qui fasse la loi de manière à persuader les autres de sa force de père. Sans un père à la longue fixé par sa constance, la mère forte est vouée à évoluer en cet être à la fois débile et tyrannique qui émeut la piété de R. Lemelin. Une immaturité qui fait la loi, il n'y a rien de pire.

Soumis à cette faiblesse dangereuse, les Canadiens français se sont longtemps réfugiés dans la fascination pour son contraire, qui comme tous les contraires lui ressemble beaucoup. Le contraire de maman Plouffe, il existait avant elle, la logique symbolique n'est pas chronologique. C'est le héros le plus populaire du Canada français, Séraphin Poudrier. Trente-cinq ans de radio, vingt-cinq de télévision (je compte moins bien que lui, peut-être), l'avare des pays d'en-haut détient le record absolu de popularité parmi tous les héros canadiens-français. Car on dirait que c'est pour le haïr, et pour qu'il scandalise la mère (qui nous aimerait au point de nous maintenir loin des réalités), que l'on s'est attaché à ce tyran cruel, encore pré-capitaliste comme la mère, mais au moins dur comme la vie. Lui, Séraphin, la négation de toute dépense et de toute joie, il pourrait entrer chez Marie-Lou, entrer chez les Plouffe, et réclamer son dû, sans indulgence pour les lamentations, pour les grimaces, pour les mimiques, pour la complicité interne familiale ou nationale, sans une faiblesse pour le mensonge général qui voile l'impuissance. Séraphin est dur comme la terre, comme l'hiver, comme la mort, viande à chien! Comme la réalité. Dans une époque où la mère faisait plouf avec le père, où les voix ne la faisaient plus bander, Séraphin Poudrier a au moins fixé notre haine, scandalisé notre générosité contre la mère anale, fait rêver d'un usage productif des richesses, d'une économie patriarcale sage. Ce n'est pas encore le père, seulement le contraire de la mère. Notre héros de roman le plus populaire à l'écran! Au petit. Je me demande si on pourrait le vendre, sur grand écran, aux Français ou aux Américains.

Aujourd'hui, l'idéologie française, comme la québécoise (mais plus explicitement, comme toujours) s'oriente vers ce qu'on pourrait appeler un féminisme anti-féministe: le féminisme imprègne tout, cinéma, magazines, publicité, romans, mode, politique, mais cela s'accompagne d'un discours sur «la fin», «les erreurs», «les excès», «les luttes enfin dépassées», etc., du féminisme. En réalité, comme dans toutes les époques de défaillance virile, on a commencé par dresser les femmes à prendre la relève, mais on craint aujourd'hui le «mouvement». On sort donc des boules à mythes le féminisme pépère. Maria convient parfaitement, elle qui accepte de prendre sur elle l'ordre patriarcal, qui accepte de croire à un principe de réalité en accord avec le projet ancestral. Comme la première Maria pour son François, comme Laure pour elle-même et pour Carle, Maria acceptant l'offre d'Eutrope, ce n'est pas se vendre pour son plaisir, mais pour la suite du père, dans l'espoir qu'il s'affermisse et devienne capable de soutenir lui-même l'ordre symbolique. Capable, par exemple, avec une parfaite maîtrise du principe de réalité international, de tourner *Maria Chapdelaine*.

LA NUIT POUR RIRE

sur «Chez Denise»

> *Je réclame de vivre pleinement la contradiction de mon temps, qui peut faire d'un sarcasme la condition de la vérité.*
>
> Roland Barthes

L'idée était de Jacques Godbout. D'après les sondages Neilson, l'équipe de Liberté *s'est partagé les dix émissions les plus populaires de la télévision. Selon l'ordre alphabétique, j'ai écopé de* Chez Denise.

L'émisssion est disparue des ondes l'année d'après — sûrement pas à cause de mon article — mais comme l'écrivait Godbout dans sa présentation: «Six mois plus tard les cotes d'écoute auront changé, mais tout sera pareil.»

«Ah, comment dire ces dix émissions les plus populaires?» s'écriait encore l'auteur des Têtes à Papineau *— annonçant déjà le ton d'ironie méchante de nos «dire». Avions-nous même le droit de dire? Car cela a choqué. Des intellectuels qui se mêlent de juger la «culture populaire», et qui crachent dessus! Pour ne pas dire pis. Les reproches ne sont pas venus du peuple téléspectateur, on s'en doute, ni même des journalistes spécialisés, qui ont plutôt apprécié notre incursion. Mais d'autres intellectuels et universitaires, qui ont développé une spécialité des «recherches» sur la «culture populaire». Pour ceux-là, critiquer les stupidités télévisées qui jouissent de la faveur générale, ce serait manifester un mépris élitiste du peuple.*

Je pense exactement le contraire. Le mépris du peuple, c'est la télévision qui l'exprime, à longueur de semaines, à longueur d'années. Certains appellent cela: donner aux gens ce qu'ils veulent. Je ne connais rien de plus absurde qu'un tel raisonnement. Le peuple de Rome aimait les combats de gladiateurs et les supplices publics. Oserait-on prétendre qu'on ne présente plus ce genre de spectacles parce que «les gens n'en veulent pas»? Je parie que si on jetait quelques athées aux lions chaque semaine, à Télé-Métropole, on s'apercevrait vite que les gens en veulent. Au nom de quel «élitisme» viendrait-on ensuite interdire ce «divertissement populaire»? En réalité, le principe de la présumée demande populaire rabaisse tout le monde au niveau de ceux qui ont le moins de discernement esthétique, de conscience politique et de sens critique. Hitler disait que sa domination politique plaçait au premier rang de ses recettes idéologiques le fait d'être accessible aux plus bêtes. C'est aussi la recette du succès à la télévision.

Chez Denise
Radio-Canada
Dimanche 19h
1 000 000 de spectateurs
   600 000 femmes
   350 000 hommes
    50 000 adolescents

Sur l'écran, Hercule paraît à l'occident, porteur d'un écran sur son dos musculeux. À cette vue, l'autre dieu, plus loin, le titan qui se tordait dans ses liens, s'adosse avec terreur contre son pieu, sa geôle. Encore pour un peu de temps tragiquement trompé, il ne désire plus s'en détacher, il l'enserre au contraire entre ses poignets et ses reins, semble vouloir l'étreindre avec la pince ultime de ses omoplates. Que n'est-il sûr de ses vieilles chaînes! Il ajouterait volontiers quelques rangs à la spire de ses liens, pour demeurer dans le vieux supplice, pour éloigner ce qu'il voit là déchirer sa vieille erreur: l'apparition de l'écran sur les épaules d'Hercule, et sur cet écran son propre cœur entamant sa désertion. Encore tragique, le dieu sent son cœur qui se couvre d'une taie, «j'en pleurerais». Dans l'horreur d'une révélation qui s'évanouit du même coup, il entend le rire des multitudes, et comprend que bientôt il ne comprendra plus ce qui s'efface maintenant; il n'est déjà plus libre d'arracher à l'écran son regard d'agonie, jadis traversé des désespoirs sublimes, et qui se barre à présent d'un rictus burlesque. L'œil rétif se vitrifie, inspiré, révulsé, puis de braise, titanesque et enthousiaste, mais enfin de cave et de téléspectateur, dans la nuit facile qui se répand depuis l'écran parmi les enfants des hommes.

La rumeur occidentale du tambourin (tissé des hymens qu'inaugura l'Hercule) assourdit l'horizon jusqu'aux nues. Le géant gravit les rochers, vers le sommet du Calvaire prométhéen. Le voici, seulement vêtu de la robe de laine vierge à laquelle le réduisit Omphale, et portant contre son ventre, sous le tissu, l'écran engoncé comme sur une cheville autour du pivot génésique (toujours droit chez Hercule). Le voici débouchant devant le supplicié: «Souffrances!» s'écrie-t-il en apercevant Dionysos-Prométhée, le divin empalé. «M'en va t'arranger ça, fille!» et il s'approche en crachotant — oh! la bouche trouée comme celle de l'Héliogabale suceur du Louvre — oh! la charité du couseur de queue qui s'affaire à remember, pour rire, le vieux titan. Mais pour s'épancher en soins, non sans onction Hercule a soulevé sa robe, dévoilé son ventre aux beaux méplats, posé l'écran sur un rocher. En s'y voyant paraître sous le nom de Denise, Dionysos hurle d'horreur, et de ses mains fraîchement libérées enfonce les ongles, longuement sculptés par la torsion des câbles, dans ses prunelles. Le monde pour lui vire au noir, ô paisible cécité; il gardera pour toujours sous sa rétine morte la vue des antiques caucases, pour toujours l'obscurité sereine entre l'Europe et l'Asie... Un ricanement d'Hercule, derrière lui, qui s'amuse avec la pitonneuse du cabloselecteur. L'aveugle se tourne vers la rumeur des ondes et — merveille de l'horreur moderne — voit qu'il voit l'écran de télévision! qu'il voit mieux avec ses yeux morts! la télévision demeure la seule chose qu'il voie au monde!

Il regarde, donc il ne regarde pas. Avec des millions de gens, il se cale devant l'écran et cesse de regarder.

* * *

Impossible de regarder la télévision. La «watcher», peut-être, en Américain, mais regarder, ce qui s'appelle regarder, non. Nous, par exemple, qui vivons des textes, essayons une fois d'accorder à une émission un regard lecteur, attentivement lecteur, comme celui que nous donnons à nos chers textes: à la colère scatologique succède une tristesse qui se décroche aussitôt, car la tévé supprime le cœur qui éprouverait cette tristesse, et il faudrait se sentir triste de ne pas la sentir. Ce non-regarder s'appelle de l'indulgence pour la vie minable, il s'entretient pour-toujours-en-attendant-à-côté des idéaux déchus.

    Chez l'intellectuel qui regarde les pires niaiseries avec un écart ironique, ce regard se comprend tout à fait lui-même, et il se réjouit de maintenir éloigné de la conscience le regret d'être médiocre. Il ne méconnaît presque pas sa propre existence, le pacte entre l'écran et le non-regarder, qui permet d'exclure avec le regard les idéaux trahis d'une existence éveillée. Car si tellement de gens regardent la télévision, c'est justement pour ne plus regarder le monde, mais le watcher, comme une proie spectaculaire, comme si le monde qui regarde ne faisait plus partie du monde regardé, comme si le monde était entièrement télévisé, entièrement représentation, et qu'il suffisait de l'épier, à l'abri du monde, chacun dans sa tombe câblée. Ainsi, regarder la télévision, c'est se rendre sourd et aveugle, peut-être aphasique et analphabète, puis effacer la trace de ces effacements et n'évoquer plus qu'avec ironie, sur un écran, le voir et l'entendre, la grâce, la douceur des erreurs mystiques… et j'en oublie, car mon poste est allumé et l'esprit parodique me gagne à nouveau.

LA PETITE NOIRCEUR

L'intellectuel peut voir qu'il ne peut regarder, il peut mesurer l'écart, évaluer ce non-regarder, comme s'il le voyait en quelque sorte à la télévision, sans que cette privation lui arrache le cœur. Mais souhaitons que le poète se détourne chastement. Que ce non-regarder ne fasse pas titiller en lui la pulsion taxinomique. L'étude des espèces d'oubli, des familles de retraits, des sous-embranchements d'exils ou de déserts n'absorberait (dans ma vision d'une humanité poète) ni l'enfant, ni le poète-philosophe, ni la femme, ni les amants naturalistes. Hélas, à nous, mes dieux, quelle tâche! Et quelle fatigue.

Bon, il faut que j'y vienne... Je dois le prendre haut en pas pour rire, oui, mobiliser toute ma paranoïa au service de la Patrie, écrire donc: *Chez Denise* est une émission dégradante. Dégradante pour ceux qui la regardent, une honte pour ceux qui la fabriquent et qui méprisent ceux qui la regardent. Ça vaut pas de la marde: il ne se trouvera personne pour le nier, même s'il est payé pour «faire» l'émission. Madame Filiatrault se trouve niaiseuse, les comédiens se trouvent caves, le réalisateur trouve ça quétaine, mais ils pensent que le monde sont encore plus niaiseux, caves et quétaines que ça. Et ils le font pour de l'argent. On peut presque tout obtenir de certains comédiens avec de l'argent. Peu répugnent à jouer la bêtise. L'acteur s'imagine qu'on admire son jeu du bête, non qu'on le trouve bête de le jouer. On voit dans *Chez Denise* deux ou trois comédiens qui se galvaudent, comme Monsieur Berval, malheureux prisonnier des pitreries qu'on lui redemande depuis trente ans. On peut rêver à ce qu'une télé-comédie québécoise aurait pu être, vu les talents, si Radio-Canada avait maintenu de hautes exigences professionnelles. Mais deux mots définissent les fabricants de notre télévision: le mépris et la paresse. On peut comprendre le mépris chez un homme qui travaille pour dépasser ce qu'il méprise; mais à la télévision de Radio-Canada, le mépris du public (plus cynique, mieux conscient qu'au canal 10) est devenu une excuse pour bâcler le travail, pour ne pas se forcer «puisque le monde comprendront pas». C'est dire que le mépris du public va de pair avec le mépris pour les gens qui pensent en général. D'ailleurs, il se rencontre assez souvent chez les responsables des medias\une condamnation fuyante des intellectuels, jugés des obstacles à la «spontanéité», c'est-à-dire à la paresse et au refus déclaré d'une pensée travaillée.

Pas un mot fin, pas un trait d'esprit qui ne soit de bottine, nulle subtilité dans l'intrigue; vite écrit, vite mis en scène, improvisé plus que joué, d'un niveau enfin qui ferait honte à une troupe d'école, *Chez Denise* tombe victime, en quelque sorte, de ce préjugé défavorable aux travailleurs intellectuels. Il en résulte que le plus comique dans l'émission est ce qui lui échappe, les effets ratés, sa façon de manquer le but. Car s'il est assez clair qu'on tente d'y contrefaire le genre de la comédie de situation américaine (*sit com*), tout se passe comme si on n'avait retenu du modèle que les traits extérieurs, sans réussir à s'en approprier l'esprit — faute d'avoir compris quel travail et souvent quelle culture soutiennent des séries comme *Barney Miller* ou *Archie Bunker*. Un exemple de cette mécanique aux rouages fonctionnant comme un signe mort: le public invité (pour assister à l'enregistrement de l'émission, téléphonez au 285-2690), mal informé des complaisances attendues de lui, sachant néanmoins qu'il doit rire même si c'est pas drôle, s'esclaffe à tort et à travers, rate les gags officiellement drôles, ou rit en retard, ou s'échappe en ricanements isolés et jaunes (sur l'injonction sans doute d'un régisseur du rire), de sorte qu'il se crée un climat d'irréalité inquiétante, et qu'après avoir ri de ces rires forcés, celui qui regarde l'émission dans la solitude soudainement angoissante de son foyer, sent la folie le gagner, comme s'il faisait partie d'une de ces assemblées de faibles d'esprit ou de pauvres enfants mongols qu'on a traînés au spectacle et qui, impuissants à distinguer la scène de la salle, applaudissent les applaudissements, rient aux rires, réagissent aux réactions, se réjouissent enfin de ces contagions merveilleuses.

LA PETITE NOIRCEUR

On remarque souvent dans ces groupes quelque solitaire insensible, un arriéré dont les prunelles semblent fixer à travers le tapage une vision plus idiote et plus naïve que les autres: je serais celui-là, oui, pour les Lumières humiliées! Pour voir clair dans ce million d'âmes accroupies chaque dimanche au niveau de l'idiot du village ou, comme on dit aujourd'hui: du socio-affectif. Tout un peuple social-affectif, les yeux dévissés, la salive gargouilleuse, dont les sphincters entrent en débâcle à la vue de *Chez Denise*! À l'heure des vêpres, le jour des familles pieusement réunies, quel magnétisme opère donc pour qu'on dépêche la tarte à la farlouche préparée par la mère bonne; pour qu'on abandonne impoliment la visite; pour qu'on s'arrache les fauteuils devant la cathode comme naguère on s'humiliait au passage de la custode? Hélas! de même que le bon Caligula l'eût souhaité du Sénat et du peuple romain, je voudrais, quand sonne l'heure de *Chez Denise*, que les Québécois n'aient qu'une seule tête, non pour la trancher, car ils ne sont pas dignes de mourir en Romains, mais pour la gifler en Jésus-Christ. Mais modère-toi, ma Justice, et envie le regard sans passion du poisson à travers le hublot de la cuisinière où il cuit. Mon humour insulte à ma colère, comment pourrais-je éviter la parodie? Quand l'ironie tordeuse cessera-t-elle de câbler la face de l'homme? Soyons sévère sans emphase et critique sans haine: levons les répugnances, et devant *Chez Denise* imitons le médecin qui ne voit que la plaie du vérolé, pas que ce pourrait être la sienne. «La paille que tu as dans l'œil est déjà le meilleur des verres grossissants» (Adorno). Qu'est-ce donc enfin que *Chez Denise*?» (Ah! que je suis fatigué.)

Prélevons ce *chez*, du latin *casa*, «hutte». En parodiant le numéro un du «Hit Parade»: *La Petite maison dans la prairie*, on pourrait rebaptiser *Chez Denise*: «Le petit bar au centre-ville». Centre-est. Entre Radio-Canada et Télé-Métropole (mais plus vers la maison d'État, à cause de l'ironie; au canal 10, la farce, c'est du Gilles Latulippe, de l'art naïf en quelque sorte; au 2, les émissions populaires flattent le populo en jetant un clin d'œil par-dessus son épaule, le petit écart ironique, la marque de supériorité, pour signaler que l'émission est niaiseuse juste pour rire, pas pour vrai). Autrefois, dans notre Québec des familles, la table de cuisine d'une maman Plouffe ronronnait au centre d'un monde épais mais sûr. Aujourd'hui, la table de cuisine s'est allongée en ce comptoir de bar, où s'y (comme on entend à CBF) ramassent les progénitures tarées des mamans Plouffe. *Chez Denise* peut aussi se traduire: chez maman recyclée. Actrice tenancière de bar, Denise représente d'abord la nouvelle femme homme d'affaires. Avec son vrai prénom, elle représente aussi l'actrice, ou la télévision elle-même, qui ne fait plus la mère, qui ne donne plus au peuple québécois l'image maternante d'un soi-même en famille, mais d'un soi-même en roulure de bar, à vau l'eau, mais heureusement en union commerciale avec la mère d'affaires. Maman encore maison (de commerce), encore un peu gâteau, mais pas féconde et pas sévère sur le bon langage.

Car il n'y a ni intrigue ni personnage *Chez Denise*, rien que des accents. Et pas des accents maternels. Tout l'espace de la fiction est occupé par des scènes d'accents «étrangers» (ou étranges). À deux accents près, naturels, bien de chez nous: celui du personnage éponyme, tenu par madame Filiatrault, et celui du barman nourricier. L'accent de la mère d'affaires et celui de son barman (son substitut mammaire) forment le centre blanc de l'émission. Autour de ce trou blanc (la pure propriété des lieux) viennent en scène les malheurs des accents. Car si l'alcool de maman a remplacé son lait, cela s'est accompagné d'une débandade de cette langue dont elle était la gardienne, réputée étroite. *Chez Denise* n'est rien que la scène ouverte, autour du bar, des drames d'accents québécois, drames qui sont évidemment aussi ceux des fils, livrés à l'étrangeté, devenus étrangers, et abandonnés aux femmes par la mère d'affaires. Ce qui revient à caractériser *Chez Denise* comme la scène de la fusion entre le «matriarcat» canadien-français et le féminisme. Sur cette scène féministe, les hommes ont pour fonction d'exhiber leur castration afin de soulever dans les masses orphelines un atroce rire cathartique. L'ancien concierge de *Moi et l'autre*, devenu cuisinier, tient l'inévitable rôle de l'accent français, épais, souvent prétentieux, essentiellement ignorant de la situation sexuelle québécoise: ainsi il put un soir tomber amoureux de Guilda, seul à ne pas connaître son vrai sexe, c'est-à-dire qu'elle possédait sous sa robe ce qu'il perdit aux yeux de tous pour l'avoir méconnu. Paul Berval fait l'accent italien de l'aide-cuisinier cherchant naïvement l'âme-sœur et qu'un choix toujours déplacé renvoie chaque fois à ses chaudrons. Un ex-jeune loup du théâtre d'avant-garde montréalais réalise son idéal dans le rôle de l'accent haïtien. C'est la ca'icatu'e, encore plus raciste que celles du Français et de l'Italien, du bon Haïtien déphasé, niaiseux, démuni, reconnaissant. Son texte se réduit à un «ta-ba'nouche de taba-'nouche» où s'incarne admirablement la politique nationaliste pour l'intégration culturelle des immigrés.

Mais enfin, *Chez Denise* n'atteindrait pas à la grandeur d'un désastre sans cet autre personnage, l'alpha et l'oméga des drames d'accents, le maître des scènes, la Scène même, le coiffeur homosexuel Christian Lalancette — alias «Souffrances». Son accent «grande» ou «tapette», devenu au fil des mois la véritable vedette de l'émission, fournit le motif inavoué de la fascination qu'exerce *Chez Denise* sur un peuple de bûcherons soi-disant bien membrés. À première écoute, ce succès s'explique, comme celui des drames parodiques de Michel Tremblay, par la parenté troublante entre l'accent tapette et l'accent montréalais. Or, toujours menacé de perdre l'essentiel, c'est-à-dire ses «bijoux», qu'en un vocable synthétique du pédéraste et du colonisé il appelle ses *jewels* (comme si l'anglais nommait mieux ce chatoiement du sexe oscillant entre sa présence et son retrait — voilement et dévoilement), Christian signale avec son juron délicat: «Souffrances!» sa position christique ou sacrificielle. Nietzsche a pu écrire qu'à l'origine la tragédie n'avait été rien d'autre que la représentation du démembrement de Dionysos; ajoutons que l'accent tapette est une représentation de ce représenter, c'est-à-dire la Représentation même.

Malgré la rupture avec la «Mère» qu'annonçait un joual sauvage et scatologique, le théâtre de Michel Tremblay et l'accent joual tapette de tous les fils-à-maman qui se sont imposés sur la scène québécoise ont négocié une parfaite réconciliation avec cette «Mère», qui était pourtant le symbole de l'enfermement canadien-français (réconciliation dont la voie était déjà ouverte, il est vrai, par le caractère anal de la révolte jouale, qui ne fut qu'une manière de *s'embarrer dehors*). «Souffrances», le mot de la souffrance pour rire, signale cette Passion parodique du Fils. La parodie (le dire «à côté» d'un représenter burlesque) est le nom de cet éloignement québécois, car les Québécois sont d'inégalables génies parodiques. Éloignement, écart, écartement, diversion: perte du droit sens, à ne pas confondre avec un dérèglement moderne du sens; ce n'en est que le risque dépris, l'écart annulé en un «c'était jusse pour rire», de la même manière que «Souffrances», le mot tragique, ne souffre de rien, mais s'inscrit à côté et inscrit l'à-côté. Les mères aiment les homosexuels, les homosexuels aiment les mères. Ils s'entendent bien en l'absence du père, voire pour l'éloigner. La position fils-tapette forme peut-être le dernier refuge de l'homme contre la féministe, la mère d'affaires, l'immangeable. Tout comme la scène parodique est un des refuges favoris des hommes contre le sérieux des femmes. Et l'accent tapette, une mise en scène de la mise en scène, une parodie. La scène de l'entre scène et réalité. Sur cette scène, voilée et dévoilée, la tapette fait ses sparages, le voilement et le dévoilement mêmes, ou le jeu du chatoiement entre l'avoir et le perdre, le bijou. *Jewels:* entre l'avoir et pas l'avoir, le sexe entre présence et absence, entre «jewels» et «bijoux», entre homme et «femme» — dji wiss — la même indécision qu'entre fiction et réalité. Entre faux et vrai, l'antre vulvaire ouvert, mais pour rire, l'anus est une vulve pour rire, pas pour vrai. Toc. Le coiffeur Christian représente donc la Scène même. Qu'est-ce qu'une «grande», après tout, sinon quelqu'un qui imite une «grande»? «Souffrances», représente le théâtre, le cinéma, la télévision, la musique à gogo, la chansonnette, tous ces modes de représentation dont l'emprise sur le «réel» s'accroît sans cesse.

Acteurs et chanteurs dominent de plus en plus le «réel», c'est-à-dire l'imaginaire. Tout se passe comme si le monde du show-business assumait le rôle traditionnel de l'intelligentsia. Les Américains n'ont-ils pas élu un président-acteur? Au Québec, les acteurs et les chansonniers ont aussi assumé un rôle exorbitant. Nos ministres aiment nos artistes, nos artistes aiment nos ministres. Ils s'entendent bien, en l'absence de la pensée travaillée, voire à l'empêcher. Comme pendant le référendum, où politiciens et artistes se sont mêlés non seulement pour présenter, mais pour limiter le contenu de la pensée indépendantiste, en utilisant la pensée le moins possible, en la désignant implicitement comme un obstacle à la spontanéité ouitiste des masses. Cet ascendant insolent des acteurs sur la vie publique les autorise à jouer leur «réalité» dans un rôle: ainsi Madame Filiatrault joue sa réalité dans son rôle de Denise, elle joue à être naturellement elle, elle se joue, comme si elle présentait en elle-même un intérêt esthétique. Monsieur Berval joue son rôle de l'accent italien dans des annonces de sauce réelle. On aperçoit «Souffrances» sur des panneaux-réclames géants. Etc. L'exemple le plus dégoûtant de cette histrionisme, ce n'est pas Reagan-Néron, mais justement monsieur André Montmorency confondu avec son personnage du coiffeur Christian, au Gala du Disque (automne 1981), et jouant sur sa position à la tribune pour offrir — «eille fille» — au spectateur René Lévesque de «'i arranger la couette». C'était pour rire. Peut-être n'y a-t-il qu'au Québec que l'on puisse voir à la télévision le chef de l'État apostrophé vulgairement par une «tapette», et en rire. Peut-être est-ce aussi le seul pays

JEAN LAROSE

où un ministre rattrapé en pleine rue par les détectives d'un grand magasin s'immole à la télévision, et du Mystère d'un manteau volé sache tirer toute une Passion*.

---

* Rappelons qu'en 1981, le ministre québécois Claude Charron avait été arrêté par les détectives de Eaton, à Montréal, en flagrant délit de vol à l'étalage. Forcé de démissionner, il s'expliqua pathétiquement devant les caméras de la télévision.

FRAIS DE REPRÉSENTATION

du Québec et de la France

La France dans l'imaginaire québécois. Un vieux thème? Un éternel débat? On pourrait le croire, mais en réalité, comme pour tout ce qui est très grave, comme pour «l'Amérique» ou «la langue française», nous avons peu pensé notre rapport à la France.
   Serions-nous trop occupés à mettre notre propre culture en dictionnaires et en anthologies? On a parfois l'impression que c'est expressément pour ne pas penser que les littéraires consacrent d'énormes subventions à des recensements — qui sont des encensements. L'usage sans discernement des ressources informatiques («subventions digitales pour recherches numériques, ou vice versa», comme disait André Belleau) ne sert-il pas à refouler l'essentiel? Et quelle facilité, on pourrait même dire quelle paresse, dans des entreprises massives comme le Dictionnaire des œuvres littéraires du Québec, *en comparaison du grand effort de pensée qu'appelleraient les terribles contradictions de notre situation américaine.*

L'ÉCRIT

Pas un mot n'atteindra le guichetier du métropolitain, dans sa guérite climatisée, qu'il n'ait subi la chicane d'un étrange filtre. Comment le décrire? L'ouverture désignée au commerce des voix, afin de garantir l'employé d'une infection, fut ménagée en zigzag, de manière que le seul son touche l'oreille laborieuse, l'air de millions de souffles peut-être pas sans se heurtant au bouclier de plexiglas, marqué, au-dessus d'une flèche impérieuse: «Parlez ici, devant l'hygiaphone». En lâchant dans l'urne son ticket, le voyageur du métro montréalais entrevoit, plus bas, au rebord du hublot, quelques caractères sur une plaquette vissée au châssis. Aguiché par le pressentiment d'un rébus, un penseur s'arrête un jour en ce goulot, au risque d'y bloquer la queue de l'heure de pointe, et note: *80, avenue du Maréchal de Lattre de Tassigny, 94720 Fontenay-sous-Bois, 324.41.36 Breveté S.G.D.G., Modèle déposé*, puis file. La modeste inscription a été recueillie. Et la pensée se penche avec entrain sur ce presque-rien; on se dit qu'il faudra tout lui apporter pour en recevoir quelque chose. La pensée s'appelle.

L'ORAL

Écœure pas le peuple! jamais rien lu d'aussi inutile. Ça se tortille comme le cul d'une bottomless, c'est brumeux, c'est pas franc...

L'ÉCRIT

Mais «l'hygiaphone», dans le métro, n'est-ce pas un sujet intéressant pour un article sur le rapport des Québécois avec la France?

L'ORAL

Ouain, tant qu'à ça... c'est français typique comme invention. Maniaque au coton, dans le genre bouche en cul de poule. La flèche ben autoritaire, puis l'ordre: «Parlez law, pis jusse law». Ouain si tu veux... quand on s'intéresse à des niaiseries d'même, ça peut symboliser la maudite manie des Français à donner des ordres sur toutt (surtout qu'essé qui connaissent pas), à toujours dire à tout le monde comment toutt faire. Surtout une affaire aussi ordinaire que parler, eux-autres i' z'essayent toujours d'en faire le boutte du boutte. À part que moi, les français, i' m'intéressent pas. C't'un sujet d'intellectuel, ça, ça'a même quelque chose de français en soi de s'occuper du rapport du Québec avec la France. Vous êtes pognés dans le passé. Oubliez donc ça. C'est de la vieille histoire ancienne...

L'ÉCRIT

Crois-tu donc que l'histoire ancienne soit finie? Que le dix-huitième siècle soit vraiment achevé? Que le vingtième siècle ne soit pas la même chose que le dix-huitième et le seizième siècles qui n'arrivent pas à passer?

L'ORAL

J'peux pas croire que tu crœilles assez que je te comprends et que je peux te répondre, pour que tu trouves l'inspiration de m'écrire des affaires que t'es aussi sûr que je voudrai jamais les lire assez pour les comprendre...

L'ÉCRIT

Sans doute m'adressé-je par-dessus toi, prétexte, au lecteur capable de lecture.

L'ORAL

Tu veux dire: capable d'une lecture française? Tu l'enverrais-tu en France, ton bâtard d'article? Non, hein? Je gage que t'aurais ben qu'trop peur qu'i' trouvent pas ça assez universel law, ou pas assez bien écrit law... Maudit colonisé!

L'ÉCRIT

Il y a du vrai dans ce que tu dis. Et au fond, plus ça va et moins je sais ce que représente, law, mes représentants, l'oral et l'écrit. Mais je me surprends déjà à glisser par-dessus cette difficulté.

L'ORAL

Ouain, never mind! Glisse, bonhomme, glisse! Affirme-toi face à toi-même!

L'ÉCRIT

Mais... c'est que je ne peux plus m'assurer d'une position extérieure à ce dont je parle.

L'ORAL

Never mind!

L'ÉCRIT

Le néologisme «hygiaphone» est formé d'après *hugieinon* et *phônê*, mots grecs signifiants «santé» et «voix». Si on déploie à l'écho de ce signifiant une certaine attention lectrice préalablement trempée dans la paranoïa québécoise à l'égard de la France...

L'ORAL

T'es-tu paranoïaque? Maudits intellectuels! Moi, la France, j'te l'ai dit, a'm'fait pas un bâtard de pli.

L'ÉCRIT

...on pourra définir l'hygiaphone: un appareil à garantir la santé de la voix, une prothèse pour s'exprimer d'une voix saine. Encore un pas de folie, et cette prescription française d'hygiène s'étendra pour nous, parleurs illégitimes, de la voix jusqu'à la parole, voire à l'accent — notre zone hystérogène. Alors, capté dans le champ franchement imaginaire de ce face-à-l'Autre, il me suffira d'accorder toute l'attention d'un penseur à ma haine pour ce maudit, le Français, qui s'arroge des prérogatives régales — à nous en imposer son rince-bouche.

L'ORAL

Rawrawraw... J'ai mon voyage! Mais où t'es toi law, là-dedans? C'est-tu ta haine, ou ben si tu joues à celle des autres? J'trouve ça maniaque. Essaye donc d'être un peu toi-même.

L'ÉCRIT

Je ne sais même pas si je l'écrirai, cet article, parce que je ne sais encore pas si la pensée est possible au Québec.

L'ORAL

Bon, le drame! Pauv' ti-gars! Ben voyons. Regarde-moi, fille. En fait, t'as même pas besoin d'y parler au gars du métro. L'hygiaphone, ça, c'est une invention pour les Français qui peuvent pas rien faire sans parler. J'me demande pourquoi qu'on a acheté ça à Montréal, on est plus proche du réel, on parle jusse qu'essé qu'on a besoin, surtout depuis quelques années qu'on assume vraiment notre identité américaine. Si t'as besoin d'un billet, pas obligé de souffler dans 'a face du gars pour user l'hygiaphone, tu fais jusse un signe en donnant l'argent. Au pire, tu dis: «un billet» ou «un carnet». Pareil à 'a banque, moi je dis: «déposer soixante» ou «retirer cinq», la fille comprend. Au fond, parler au grand complet, c'est fancy, c'est une perte de temps, techniquement j'veux dire, c'est fancy. Tu prendrais-tu une p'tite frette avant 'a game?

L'ÉCRIT

Tu rêves d'une parole minimale, c'est de l'idéalisme. En réalité, toi aussi tu conçois une espèce d'hygiaphone, pour filtrer la parole inutile et ne laisser passer que la parole utile.

L'ORAL

Ça c'est une belle remarque fancy. As-tu vu *Star Wars*, ou

The Empire Strikes Back? T'sais le gorille, le chum du gars? Ça c'est mon idéal: il est capable (pourtant c'est jusse un animal) de réparer des guns au laser, des ordinateurs, un vaisseau spatial super-compliqué, donc techniquement i' est super-intelligent. Mais i' parle pas, i' grogne, i' pleure, i' rit, i' fait des menom-menom comme l'ours dans *Pépinot et Capucine*, n'empêche qu'on le comprend tout le temps. C'est la preuve qu'on n'a pas besoin de la parole articulée pour être super-avancé dans le progrès, et en même temps avoir des sentiments humains universels faciles à communiquer. Eille, penses-tu que si je siffle une fille, dans n'importe quel pays où ça parle n'importe quelle langue chinoise pas parlable, a' comprendra pas mon message, t'sais law? J'ai pour mon dire que pour les choses importantes, la parole genre française est techniquement dépassée.

L'ÉCRIT

Mais la France n'est une représentation d'une grandeur passée et d'une délicatesse dépassée que dans notre fantasme. Ainsi «Fontenay-sous-Bois», dans mon article, pourrait servir d'amorce à une réflexion particulière: le *Robert* y mentionne une église du XVe siècle, mais aussi des usines de produits chimiques et de métallurgie. Or, je parierais que beaucoup de Québécois croient l'Angleterre économiquement plus forte que la France.

L'ORAL

Shit... i' ont même pas de toilettes comme du monde.

L'ÉCRIT

Ce qui prouverait que nous projetons sur la situation de la France dans le monde notre propre rapport avec l'Anglais et l'Américain. Autrement dit: à défaut de s'identifier à la France, plusieurs l'identifient à nous. Avant de la rejeter, de la refouler, parce qu'ils se méprisent (ou se surestiment, c'est la même chose). C'est une structure paranoïaque; il faudra y revenir. Et cette identification de la France à un peuple de vaincus s'est peut-être accentuée depuis la défaite de 1940.

L'ORAL

As-tu vu *Les Plouffe?*

L'ÉCRIT

Justement! C'est la partie de mon article qui s'enlèverait de «Maréchal Jean-Marie-Gabriel de Lattre de Tassigny».

L'ORAL

Non mais, c'est-tu pas exagéré, sincèrement law, comme nom? C'est un nom exagéré! Tu te vois-tu écrire une adresse de même sur une lettre? C'est un nom de Français exagéré, law, entre Québécois, law, avoue-lé.

L'ÉCRIT

Qu'est-ce qui nous rend frivole cette longue adresse, et correct «202nd str.» ou «15ème Avenue»? Serait-ce qu'un certain arôme technique lie pour nous l'habitat au langage chiffré? Il faudrait évidemment commencer par se demander ce que signifie «habitat»; quel est le rapport de l'âme et de l'habitation? Et le rapport de l'habitation à son adresse? À ce moment de mon article, le numéro de téléphone du fabricant de l'hygiaphone pourrait incidemment me fournir un développement sur le fait que les français ont troqué eux aussi, par souci de commodité technique, les indicatifs nominaux (comme «Solférino» ou «Pontiac») pour des indicatifs chiffrés. Par contre, «en France, le téléphone ne marche pas»... Et le téléphone est peut-être sous ce rapport à rapprocher de l'hygiaphone... machine fend-le-vent. Y penser. Le Maréchal de Lattre de Tassigny commandait en juin 1940 la 14ème division d'infanterie. Interné par Vichy...

L'ORAL

Quand j'étais petit, on me faisait prendre de l'eau de Vichy quand je faisais une indigestion. T'en rappelles-tu, on achetait ça à la pharmacie dans le temps. N'empêche, les Canadiens français ont trouvé que Pétain faisait quand même pitié, après la guerre. C'était exagéré aussi de raser les femmes qui avaient sorti avec des Allemands.

L'ÉCRIT

... pour avoir été tenté de prendre le maquis, il s'évada à Alger et participa plus tard au débarquement allié et à la libération de plusieurs villes.

L'ORAL

Shit! Tu crois à ça, toi, la Résistance? Sans nous autres pis les Américains, les Français en seraient jamais venus à boutte, avec leurs culottes courtes pis leurs p'tits guns... Fuck! La Résistance, c'est une invention de bienséance, jusse une parade pour que les Français ayent l'air de se libérer eux-aut'-mêmes, quand c'est les Anglais pis les Américains qui faisaient toutt.

L'ÉCRIT

Puis de 1950 à 1952, il fut commandant en chef en Indochine.

L'ORAL

Law les Français ont encore mangé la claque. Pis après, ç'a été Suez, l'Algérie, l'Afrique... Enne hostie de débarque, pendant que les États devenaient top of the world!

L'ÉCRIT

Oui, de là un chapitre sur la valeur de résistance à l'américanisation représentée par la France socialiste; le seul lieu activement différent parmi les pays de culture occidentale, qui puisse nous servir à contrer l'influence des chimpanzés états-uniens.

L'ORAL

Mais qu'essé qu't'as contre les États-Unis, bonyenne?

L'ÉCRIT

Je les hais. Je hais les États-Unis (qui usurpent en impérialistes le nom d'Amérique); ils sont la plaie de l'humanité, et même de la planète Terre.

L'ORAL

Ça c'est exagéré, par exemple.

L'ÉCRIT

Exagéré? Tu veux dire «français»?

L'ORAL

Peut-être. C'est vrai qu'i' y a queque chose de pointu, comme l'autoritarisme français, à juger raide de même, sans respecter l'opinion de l'autre. Pis c'est-tu leur faute aux États si i' sont si forts? Be a winner, bonhomme. Place pas ton p'tit cœur sus le ch'min du bull, passe que tu vas t'faire faire mal, fille.

L'ÉCRIT

La France rendue à l'idéal socialiste représente un espoir pour toutes les différences, un espoir pour la vie, pour la culture et pour les forces révolutionnaires dans tous les pays.

L'ORAL

T'es-t-ancien en pas pour rire! Bout-de-graine, bonhomme, tu fourres dans le beurre! Continue à écrire, j'vas aller voir le score à 'a tévé.

L'ÉCRIT

Donc — l'exemple de «Fontenay-sous-bois» — la langue et la culture française s'entendent avec la technique moderne, elles en sont même l'une des sources, au contraire de ce qu'on imagine au Québec, où la France et les U.S.A. se départagent comme les pays de la culture et de la technique, de l'artifice et de la vérité, de la séduction féminine voilée et de la présence sincère. Autrement dit, la France et l'Amérique représentent pour les Québécois les deux pôles classiques du clivage métaphysique. De sorte que l'hygiaphone composerait pour nous une parfaite métaphore de la technique française: frivole, mal dégagée de la poésie, encore empêtrée dans les fleurs d'un tapis purement formel, extratechnique; obstinée à proximité d'un style d'être qui l'empêche d'accomplir en soi l'essence de la technique. De notre point de vue américain, du point de vue de cette métaphore de la technique, la technique française paraît une extension de l'art du voile, des arts féminins de la parfumerie et de la couture (fût-elle haute) à un domaine empirique impossible à dominer par l'art, un domaine où la séduction de l'art échoue en dévoilant la frivolité de la technique française, la castration de la quéquette française et le ridicule de son ambition d'imposer une technique française («Modèle déposé»). Le ridicule s'aggrave de ce que l'hygiaphone se représente en plus pour nous comme un appareil à jucher le sujet sur des échasses, d'où celui qui conçut qu'on ne lui parlerait qu'à travers un filtre protocolaire puisse échapper à la manie québécoise du tutoiement paysan.

L'ORAL

Ouain, c'est vrai ça, c'est frachié les Français.

L'ÉCRIT

Mais tu ne comprends pas, beau cave, tu tombes dans le panneau que je décris; c'est un fantasme québécois. En réalité, le métro de Montréal est une démonstration simple de l'existence virile d'une technologie française. On pourrait citer des montagnes d'exemples. Et cette conception de la France comme un pays de culture, d'artifice et de raison sophiste, à laquelle même des intellectuels québécois recourent comme à une chose entendue, repose en fait sur notre inhabileté à penser qu'un lieu de haute culture et où l'on parle une langue articulée puisse également élaborer une technique moderne; ceci à cause de la langue socio-affective parlée aux U.S.A., ce vaste réservoir de mégalomanes analphabètes qui exportent dans tous les pays leur arriération intellectuelle. Quant aux raisons qui nous rendent inhabiles à penser l'union de la culture et de la technique, elles sont multiples et tiennent toutes au refoulement de notre origine que détermine notre histoire de colonisés*.

---

* «...colonisé, c'est-à-dire, entre autres, pris dans un rapport ambivalent avec l'Origine ou l'Aurore, rapport d'enfant trouvé, d'enfant abandonné ou d'enfant martyr. Quant à la «France», elle n'est évidemment qu'une figure de l'Origine, pour nous [...]; cette «France»-là bée au lieu où sont noués, inséparables, le Manque et l'Origine [...]. Et si, en ce «lieu», l'Origine coïncide avec le Manque, c'est que d'abord le Manque a précédé l'Origine. C'est avec le Manque que se présente l'Origine comme y manquant. Avant la trouée du manque — disons: avant l'asservissement — l'Origine ne manque pas. Non qu'elle soit présente: on s'en passe, la question ne se pose même pas. Le problème de l'Origine perdue se présente lorsque, par suite de la colonisation, l'Origine est portée manquante. C'est à rebours que l'Origine, la France, la Mère, etc., manquent. Depuis la coupure de son «exil», le colonisé Canadien français se trouve à la merci du leurre qui consiste à croire en l'existence d'une Origine ou d'une Vérité, alors qu'il n'y en a pas, ni perdue ni à retrouver.» (*Le mythe de Nelligan*, 1981, p. 25 et suivantes.)

L'ORAL

Ah! non, pas une hostie de note! Tu serais pas capable d'aller tout droit, d'éviter les citations fancy qui obligent la lecture à marcher tout écartillée?

L'ÉCRIT

Préfères-tu une citation dans le texte?

L'ORAL

Es-tu fou? Te citer toi-même! C'est arrogant et prétentieux; on te prendrait pour un Français*. Ah! non! tu vas pas m'accrocher une note à moi aussi!

L'ÉCRIT

L'hygiaphone, donc, représente pour nous une innovation technique frivole, une puissance postiche sanglée dans une obsession d'hygiène linguistique. Et cette lecture, nous la produisons parce que toute notre histoire nous produit comme le double de cette lecture: comme si nous étions la matrice creusée dans un moule par le couple des deux pôles de la métaphysique; comme si nous ne pouvions que cumuler ce qui leur manque à chacun, qu'additionner la lacune essentielle de l'intellect à la lacune essentielle du sensible. Nous serions le double manque, la double privation; il nous manquerait l'écriture à la parole et la parole à l'intellect. Nous ne serions ni France ni Angleterre (aujourd'hui

---

* «Beaucoup de Québécois ont la phobie des Français auxquels on reproche de se prendre pour d'autres, de faire leur Ti-Jo Connaissant sur tout, en somme de ne pas expier par une autohumiliation l'autorité du sujet qui prend la parole, de ne pas la prendre sans un certain dépôt préalable... des armes, ou des armoiries. Les Français auraient tous le défaut de parler avec un accent français, c'est-à-dire efféminé, émasculé, épointé (d'autant plus qu'il est «pointu»). Excellent sujet d'ethnologie nord-américaine, au lieu où la virilité se prouve au timbre, et l'efféminité se dénonce comme parole non oblitérée.» (*Idem*, p. 25, note 13.)

ni France ni U.S.A.), mais ce qui manque à chacun pour être l'union des deux; mais les deux lacunes s'accusant mutuellement; mais la matrice qui nous assigne à une position où rien ne se pense en dehors d'un tel système d'oppositions. Une sorte de destin paranoïaque que nous partageons avec l'Allemagne des grands temps romantiques, philosophiques et maudits; oui, la grande Allemagne des profondeurs, affolée entre son désir d'égaler la France et son désir de ne pas désirer l'égaler mais «d'être soi tout simplement»; l'Allemagne qui, réunifiée, ira couronner *à Versailles* son premier César.

L'ORAL

Ton affaire se gâte. Tu perds des lecteurs à chaque ligne. Tu vas te faire haïr si tu te rends pas plus accessible, César … yek! yik! yik! yik! (*rire*).

L'ÉCRIT

C'est toi qui me hais, depuis toujours, et tu le projettes sur les lecteurs.

L'ORAL

Wô les moteurs! M'a dire comme toi, t'es parano en verrat!

L'ÉCRIT

J'écrivais donc, avant que tu ne m'interrompes avec tes niaiseries, que notre histoire nous a produits comme double négation; ou double dénégation, double ressentiment, double amertume, double acrimonie — mais aussi, aujourd'hui, la chance des jeunes penseurs québécois: comme double lucidité…

L'ORAL

Yeaaaaaah!

L'ÉCRIT

...une souplesse philosophique à l'époque de la déconstruction derridienne. Et pourquoi ne nous sommes-nous pas imaginés France plus Angleterre plus U.S.A.? Pourquoi la double ou la triple négation, plutôt que l'addition?

L'ORAL

Ça c'est vraiment ton problème. Moi je suis Québécois et fier de l'être. Ni Français ni Américain, mais Québécois. De froidure et de parole.

L'ÉCRIT

D'abord, le ni... ni... procède de la paranoïa, ou d'un désir de ne faire plaisir à aucun des deux, de les mécontenter tous deux, de les décevoir et de les bouter tous deux hors de l'exemplarité paradigmatique à laquelle ils prétendent. Insistons-y: cette double négation est destinée à l'affichage aux frontières, à l'exportation. Ce sont des frais de représentation qui supposent puérilement que ces puissances étrangères se recueillent pour nous écouter et qu'elles puissent être blessées par nos refus de les prendre pour modèles. Ce qui suppose qu'elles auraient investi autant sur nous que nous contre elles. Cela reviendra évidemment, dans mon article, à accuser notre fixation à la mère.

L'ORAL

Comment ça, bout de viarge?

L'ÉCRIT

Ce serait trop long à expliquer. Il faudrait aussi un vaste rappel historique...

L'ORAL

C'est vrai, la France nous a abandonnés.

L'ÉCRIT

C'est vrai, la France nous a abandonnés.

L'ORAL

Bof, tu y accordes ben que trop d'importance. Vous autres, les intellectuels, vous êtes pas libérés de l'influence européenne, vous êtes fixés à la mère (au fond, t'as raison); vous avez un gros œil français qui vous watche, vous juge, vous condamne. Peut-être qu'il y en a qui sont québécois libérés, mais la plupart, vous êtes complètement aliénés. Affirmez-vous ben raide! Un homme libre envoye manger d'la marde avec un «never mind» pas achalé, comme Jean Coutu dans *Le Survenant* à 'a tévé, toutt qu'essé qui essaye de l'écœurer. N'empêche, c'est les Anglais qui sont bons pour ça, se tenir deboutte, tenir à son boutte. Un modèle mondial de liberté, d'indépendance de l'individu, de variété de choix. Au lieu que les Français, bout-de-graine! c'est marqué par l'autorité, toutt leur monte à 'a tête. T'sais qu'en France, toi et moi, on pourrait pas se parler, on se comprendrait pas, y'a même des classes dans le métro.

L'ÉCRIT

Alors que nous habitons notre métro français à l'américaine, sans distinction de classe?

L'ORAL

Et moi, j'accepte de parler avec toi librement, à l'anglaise.

L'ÉCRIT

Mais en français. J'ai un ami qui travaille comme traducteur à l'agence Canadian Press — Presse Canadienne. Sais-tu qu'il a souvent traduit de l'anglais au français des discours de Pompidou, de de Gaulle, parce que ces textes parvenaient à Montréal de Toronto, où ils avaient d'abord été traduits en anglais?

L'ORAL

C'est écœurant! C'est comme avant, les vendeurs chez Eaton.

L'ÉCRIT

Sur la lancée de cette anecdote (qu'il faudrait vérifier), j'entamerais une vaste fresque historique. Sais-tu que pendant longtemps, après la Conquête, nous n'avons pu lire Voltaire que dans une traduction anglaise?

L'ORAL

Bof, t'sais, Voltaire, en anglais ou en français...

L'ÉCRIT

Pardon! Le XVIIIe siècle est la vraie clef! Nous avons été conquis, en 1760, à un moment où l'élite intellectuelle de France était anglophile; quand les esprits éclairés de l'Europe accordaient à l'Angleterre un bon siècle d'avance.

L'ORAL

C'est là qu'on l'a pris, à la Conquête, notre avance sur les Français!

L'ÉCRIT

Et quand les rebelles américains écrivent à nos Canadiens, en 1775, pour les exciter contre l'Acte de Québec et les gagner à leur cause: «Qu'aurait dit votre compatriote, l'immortel Montesquieu, au sujet du plan de gouvernement que l'on vient de former pour vous», monseigneur Briand aurait pu rappeler à ses brebis l'anglomanie de Montesquieu, ou celle de Voltaire, de Diderot, etc. J'en parle pour rire, il ne pouvait prononcer ces noms-là, lui qui avait mandé aux vaincus, dès 1763, que l'Église enseigne d'obéir au pouvoir établi: «Rien ne peut vous dispenser d'une parfaite obéissance, d'une scrupuleuse et exacte fidélité et d'un inviolable et sincère attachement à notre nouveau Monarque...» Et plus tard, contre les idées libérales des Patriotes, contre ces principes des anglophiles français: la souveraineté populaire et la séparation de l'Église et de l'État, l'évêque Lartigue mandera, en 1837: «Ne vous laissez donc pas séduire, si quelqu'un voulait vous engager à la rébellion contre le gouvernement établi, sous prétexte que vous faites partie du *peuple souverain*.» C'est Bossuet contre Locke, à la rescousse d'un absolutisme anglais! Le peuple a protesté contre ce mandement pendant sa lecture dans les églises, il lui a parfois opposé la *Marseillaise*... Sais-tu que les nationalistes canadiens-français ont longtemps chanté la *Marseillaise* dans leurs assemblées, et tenu le tricolore pour le vrai drapeau des Canadiens français?

L'ORAL

Sûr! Même que c'est de d'là que vient l'uniforme des Glorieux, le Canadien de Montréal. Atlaw! Atlaw! Atlaaaw! les Canadiens sont law!

L'ÉCRIT

Puis, ce sera la trahison, la défaite, la régression; la France de la Révolution, la France géniale mise à l'index, maudite. L'évêque Plessis écrivait déjà après la défaite d'Aboukir: «Réjouissons-nous... Tout ce qui affaiblit la France tend à l'éloigner de nous. Tout ce qui l'en éloigne, assure nos vies, notre liberté, notre repos, nos propriétés, notre culte, notre bonheur.» La haine de la France fournira la base de notre mépris pour nous-mêmes. De la pensée française, notre Église ne souffrira que les gâteux et les réactionnaires, de Bonald, de Maistre, Veuillot...

L'ORAL

Tu te rappelles-tu des pièces de Ghéon? Fallait-tu être

colon! De toutes façons, à c't'heure que c'est fait, je me demande si on a manqué si grand'chose que ça, maintenant qu'on s'est donné toutt ce qui nous a manqué par nous-mêmes?

L'ÉCRIT

Nous avons rompu d'un coup, à l'américaine, avec la France du catholicisme arriéré, mais simplement pour adhérer à notre propre moi-idéal grandiose.

L'ORAL

C'est vrai, après tout, qu'on est peut-être un grand peuple...

L'ÉCRIT

En 1760, Diderot écrit *La religieuse*. Par l'effet de son identification à sa pauvre héroïne, il verse des larmes en composant; ce qu'il lui fait subir lui fend le cœur, comme s'il se frappait lui-même en affligeant l'honnête et modeste jeune fille. Ces airs d'honnêteté et de modestie, ce seront bientôt les cibles préférées des bourreaux de Sade, pas assez naïf, lui, pour ne pas jouir ouvertement d'être l'auteur de leurs supplices. Mais nous, par rapport au texte de notre malheur depuis la Conquête (texte dont nous sommes à la fois les auteurs et les héros suppliciés), nous sommes davantage comparables au noble Diderot, nous ne savons pas que nous jouissons, nous pleurons, et... oh! je vois se dérouler dans mon imagination le tableau d'une... oh! quelle scène... une prodigieuse machine historico-libidino-philosophique, réglée par la technique métaphorique, par la coalition analogique de toutes les impuissances...

L'ORAL

Y'est parti parti...

L'ÉCRIT

L'identification d'un homme à une femme, sa victime, en cette année 1760 où les Canadiens français commencent une longue dérive dans l'Atlantique... symboliserait notre mode de symbolisation... Oui, c'est cela... Plus qu'un symbole, le symbole vrai de la souffrance qui s'offre en sacrifice pour poser les fondements d'un symbolisme, pour donner leurs valeurs aux symboles. Il se peut que nous n'ayons pas eu d'autre moyen que notre souffrance pour nous assurer de l'existence réelle des symboles. Peut-être la représentation à grands frais sur le Golgotha n'a-t-elle eu lieu que pour donner sa valeur de symbole à un symbole? Mais alors... oui, oui, ma Passion, le sacrifice technique de ma raison pourrait agir comme le ciment national d'un système symbolique, et par la caresse de mon écriture je soulèverai mon lecteur jusqu'à la compréhension extatique du prodigieux système de tenailles par lequel nous nous serions mis à la Question dans le texte canadien-français. La double négation, la matrice de la double insuffisance, notre double dénégation de notre double moue de désir divisé... Peut-être même le *double bind,* enfin, comme Derrida!

L'ORAL

Far out!

L'ÉCRIT

Je nous aperçois, fourrés d'interdits entre l'Angleterre et la France, sucés par les travestis du Vatican, soumis à de hideuses intimités avec l'Allemagne jalouse et mégalo du *Sturm und Drang,* avec l'Allemagne démembrée par Napoléon, s'organisant après Iéna contre la France, contre les Juifs, contre... Mais je ne devrai pas m'en tenir aux métaphores historiques, car cela ne m'apprend pas de quoi ces noms de pays sont les symboles... Je vois plus loin: je nous sens sentir les forces historiques et culturelles, France,

Angleterre, et, à mesure que nous les sentons, quelque fatalité analogique de ressentiment qui les repousse, en faisant une moue qui se voudrait de la morgue, et je nous sens nous définir par ces répulsions amoureuses, dans le supplice atterrant de prescriptions ontogéniques mutuellement exclusives. L'Occident empale l'Orient — et le Canada français, crucifié au confluent des contradictions historico-métaphysiques...

L'ORAL

Euh, j'sais pas, mais, t'sais veux dire, p't'être tu serais mieux d'arrêter pour à soir, law, non?

L'ÉCRIT

Ah ah ah ah ah ah ah ah ah!!! Ne sais-tu reconnaître l'ironie d'un discours qui s'emballe? Et ne connais-tu le délire parmi les instruments du vrai penseur?

L'ORAL

...

L'ÉCRIT

L'hyperbole en refluant abandonne quelque mérite, peut-être, pour mon essai. Et surtout, j'en reste tout tremblant. Cela correspondrait à un emploi critique de ce que tu appelles «s'affirmer ben raide», une sorte de buzz noétique. Et puis, il s'en dégage quelques indices pour la découverte de l'énigme, car je me suis découvert sur un chemin et ce chemin ne m'est pas moins énigmatique que le lieu où il mène. Si j'affirme que nous sommes paranoïaques dans notre rapport avec la France, cela ne présente un intérêt que si je découvre aussi la paranoïa elle-même, l'abîme qui la fascine et par ailleurs sa positivité.

L'ORAL

Oui, oui, bon ben ça te fera de l'ouvrage pour demain. On trouve pas toutt du premier coup. Viens te reposer, law, bon, hein?

L'ÉCRIT

Mais je n'ai encore rien trouvé du tout! Je n'ai pas encore compris ce que j'ai compris. Je vois mais je ne me vois pas voir, c'est affreux, ça ne vaut rien. Quand je pense au texte inouï de Derrida, à Heidegger qui pense la pensée à la trace, à Hofmannsthal dénudant le désespoir dans un jardin de symbole...

L'ORAL

Bon, te v'là reparti à te comparer à des gens des vieux pays.

L'ÉCRIT

Pas du tout! Tu es fou! Fou de folie! Je ne me compare pas, j'envie une position poétique ou philosophique, un savoir vivre enchanté au milieu d'un jardin d'où la technique serait toujours sur le point de me chasser.

L'ORAL

Un jardin à l'anglaise ou à la française? Libre ou pogné? Les Français font pousser les fleurs au cordeau, faut pas qu'un poil dépasse.

L'ÉCRIT

Mais non, c'est le contraire, les jardins anglais de France sont les plus beaux! Et l'enjeu de cet essai sur la France tiendra dans la reconnaissance de l'origine, c'est-à-dire dans la fidélité à ce qui nous semble supplicié par la technique, même si ce n'est pas vrai. S'en prendre à la France comme à la matrice du rationalisme, cela perpétue le refoulement de l'origine, de la mère, du matriciel, et propage une «technique» définie en opposition à la poésie, une technique qui ne triomphe qu'à imposer l'idée que la vie ne peut être poétique qu'au détriment de l'excellence technique de la technique — jusqu'à ce que la poésie, forcée par cette technique de se définir métaphoriquement contre la technique, se couvre enfin de ridicule.

L'ORAL

C'est vrai que t'es ridicule.

L'ÉCRIT

Mais ni Français, ni Québécois, ni Américain, plutôt sur le chemin de ce qui a fait les frais de ma recherche et que je cherche à travers ces noms, et qui nous cherche et nous appelle sous le nom maudit de France.

L'ORAL

On dirait un chef d'équipe dans la J.E.C. Voyons, modère tes transports, t'es toutt triste, les yeux fallball. T'aurais pas dû t'exciter de même t'à l'heure. J'connais un bon truc de relaxation, c't'une technique intégrale de Californie. Étends-toi ici, law, bon. Arrête de penser. Concentre-toi sur le vide au centre de ton esprit. C'est ça, ferme les yeux, détends ton plexus. Penser sur la France, j'te l'ai dit, c'est trop français, ça te pogne dans l'orbite d'un roi-soleil, alors que ce qui faut c'est devenir toi-même un soleil. Les Français, ça te fait parler dans l'hygiaphone, ça te ferait écrire dans l'hygiagraphe...

L'ÉCRIT

L'hygiographe serait plus euphonique.

L'ORAL

T'chut! Relaxe... Euphonique my eye... enne nuance de tapette... j'parle comme que j'décharge, par escousses, sans faire des croches, pis y'a pas de ni çi ni ça.

L'ÉCRIT

Et ta femme?

L'ORAL

A l'aime ça de même, faut avoir le tour, c'est une technique, ça s'apprend pas. Les Français, ça te ferait venir dans une hygiagaine.

L'ÉCRIT

T'as rien compris... Mais tu connais les racines des mots.

L'ORAL

Ouain, ces racines nuisent aux vraies racines du Québec.

L'ÉCRIT

Auxquelles? Aux racines françaises?

L'ORAL

Je le savais, bâtard, que t'allais lâcher ça. Veux-tu ben te taire, pis dormir!

L'ÉCRIT

Et d'abord, sont-ce des racines? La métaphore botanique: les racines, le tronc, les rameaux, les fleurs — d'une culture, d'une race, d'un peuple — cela gouverne une logique, commande à distance un type de conclusion...

L'ORAL

Bon, i' est reparti à finfiner les poils de poche en quatre! Veux-tu relaxer! Concentre-toi sur le grand vide intérieur de la vraie vie au centre de toi-même, ferme les yeux, c'est ça, cool down, dors. On parlait jusse pour parler, dors, maman est law.

LE PAS GAGNÉ

de l'avenir du français au Québec

Ce texte m'a été commandé par le Conseil de la langue française qui l'a publié dans un recueil: Douze essais sur l'avenir du français au Québec. *Pierre Vadeboncœur, président du Comité sur le statut de la langue, au Conseil de la langue française, fait remarquer dans son avant-propos: «La réflexion sur les conditions de l'avenir du français au Québec est beaucoup moins avancée qu'on ne le croit généralement. Sur ce point, les préoccupations de toujours des Québécois, plus marquées encore depuis vingt ans, peuvent faire illusion.» Le Conseil avait subventionné une «étude prospective de type scientifique» sur le sujet. Dans un autre registre, il a sollicité, auprès d'écrivains et d'essayistes, «une réflexion personnelle menée librement».*

Quoi de plus sûr, dans l'histoire des Français d'Amérique, que la langue en péril? Cette crainte nous a tenus, elle nous tient toujours, et nous fait tenir ensemble. Pour tenir, il fallut se durcir; voire, pour certains, se fermer, se murer. Contre la menace de ces innombrables autres, saxons et assimilés, nous en sommes venus parfois à nous tenir contre l'*autre*, et à craindre toutes les différences: de race, de culture, de religion, de la sexualité, de l'inconscient, de l'écriture, du génie, etc; toutes les différences censurées sous nos grandes et petites noirceurs de naguère et d'aujourd'hui, ces vitalités dont l'accueil avec la Révolution tranquille aurait mis le Québec au monde moderne. Un tel glissement, depuis la lutte contre les autres, légitime et nécessaire, à un refus de la différence, menace sans cesse de régression le mouvement québécois. On peut même tenir cette confusion pour son point faible.

Les anglophones, ayant su discerner cette faiblesse structurelle de l'affirmation québécoise, l'exploitent dans leur campagne incessante contre la Charte de la langue française. Ils tentent de se poser en exclus, et jouent les persécutés; ils se serrent les uns contre les autres en chantant *We shall overcome*! Eux dont l'existence nord-américaine ignore en permanence toute réelle différence linguistique et culturelle, les voilà qui découvrent depuis 1976 les vertus du dialogue, les beautés de l'égalité et de la «compréhension mutuelle», mais c'est pour nous accuser d'y manquer et d'être «fermés à l'autre», et pour rétablir, avec notre culpabilité, leur hégémonie menacée. Or ce n'est pas par hasard que lutter pour sa langue rend vulnérable au reproche d'être «fermé à la différence», même si en réalité cette langue constitue elle-même une différence menacée de refoulement. Car «fermé à la différence», cela revient en définitive à l'accusation de ne pas être dans le coup — moderne. Par quelle aberration du raisonnement peut-on accuser les Québécois d'être «fermés à l'autre d'une manière non moderne», eux qui représentent précisément cet «autre» et cette «différence» en Amérique du Nord?

Il semble parfois qu'entre la langue et la marche moderne existe un antagonisme, moderne lui-même: la langue se débat toujours contre la perte de soi, la marche moderne a fait de la perte et de la défection-de-soi son moteur. Idéalement, avant de raisonner sur de telles prémisses, il faudrait répondre à plusieurs questions: qu'est-ce que la langue? que signifie «moderne»? N'est-ce pas un mot dont le sens se retourne toujours d'une manière elle-même moderne? Questions vastes... mais n'est-ce pas le privilège de l'essai (un genre moderne) d'aborder aux immenses régions sans le souci du savoir absolu? De l'audace, donc, et en avant!

LA PETITE NOIRCEUR

Depuis le langage, depuis la naissance de la pensée qui s'ensuivit, la culture s'invente autour du sentiment d'une perte à combler, une perte qui touche l'essentiel et qui s'aggrave, au lieu de se raccommoder, avec la prolifération des signes dressés à cet effet. D'aussi loin qu'on prenne les choses, l'intuition d'une tare essentielle a miné le langage articulé, à la fois pour son incapacité d'exprimer l'essentiel, et pour son infidélité à soi-même, c'est-à-dire son impuissance à se reproduire parfaitement. Un des plus vieux écrits connus, un fragment d'os de la Chine du second millénaire, s'alarme déjà: «Les jeunes ne parlent plus la langue d'autrefois.» Toujours la langue fuit.

Mais faut-il traquer le problème québécois jusqu'à la Création? Ne peut-on déjà passer au Déluge? Parce que le Verbe fut au commencement, faut-il jusque-là nous ausculter? La question se pose plutôt: pourquoi les cultures se racontent-elles à partir du Verbe? Et quelle différence entre se raconter la Loi comme histoire de la Langue, et contraindre l'Histoire par une loi sur la langue?

Je saute donc quelques époques et m'arrête au XVIe siècle, à la leçon d'une culture morte folle dans le piège moderne: celle de l'empire mexicain, abattu en un peu moins de deux ans par une poignée d'Espagnols.

Disciplinée sans repos par d'implacables divinités, la société aztèque s'était épanouie dans son armée, chargée d'exploiter l'empire et d'alimenter en victimes d'insatiables autels. Nombreuse, courageuse, aguerrie, cette armée aurait dû écraser Cortés et sa bande de pillards chrétiens. Pour expliquer l'aberration militaire, les historiens abondent en hypothèses, toutes vraies mais toutes insuffisantes: débilité de l'empereur Moctezuma, dissensions des Mexicains et ressentiment des nations vassales contre la tyrannie aztèque, supériorité technique des intrus (armes, chevaux, bateaux), guerre «bactériologique», etc. Cela ne suffit pas à expliquer la défaite, devant quelques centaines d'audacieux, d'une armée de plusieurs centaines de milliers d'hommes. Les textes mexicains contiennent cependant une réponse qu'on a négligée, et qui éclaire en tous cas la paralysie de Moctezuma, mélancolique devant Cortés, taciturne avec ses capitaines réclamant l'ordre d'agir. Les textes racontent en effet qu'après le débarquement barbare, la parole des dieux ne s'est plus fait entendre; un silence de fin du monde refroidit les temples, les idoles ne chuchotent plus à l'oreille du prêtre — striant leur défection de faveurs mourantes. «Ils demandèrent aux dieux de leur accorder leurs appuis et la victoire contre les Espagnols et leurs autres ennemis. Mais il devait être trop tard parce qu'ils n'eurent plus de réponse dans leurs oracles; alors ils tinrent les dieux pour muets ou pour morts.» (Duran)

De la même manière que les Aztèques arrachaient les cœurs de leurs victimes sacrificielles, la victoire espagnole aurait «arraché» l'ordre symbolique aztèque. Des apparences, des scènes, des symboles, des signes, Cortés aurait su jouer magistralement. On doit dire: «machiavéliquement», d'après le nom de son contemporain, pour nous devenu emblématique d'un nouveau cynisme moderne. Qu'est-ce en effet que *Le Prince*, sinon l'application à l'économie politique de la liberté moderne par rapport aux signes? Vérité, équité, crainte de Dieu importent peu en réalité; un prince régnera bien, pourvu qu'il sache manier les signes. C'est l'art incroyant de manœuvrer les croyants; l'équivalent, dans les ordres du symbolique et de l'économie politique, du capitalisme qui se dégage, au XVIe siècle, de l'improductive morale chrétienne. Le chevalier courtois s'était senti lié jusqu'à la mort par sa parole d'honneur. Le conquistador ne mourait pas pour si peu. Après la conquête du Mexique, le mot aztèque pour «menteur» devient «espagnol» ou «chrétien». Et nos Indiens du Nord pourront eux aussi en raconter de belles.

À l'adresse de l'ennemi, Cortés sème donc «machiavéliquement» des messages contradictoires, des traces désorientantes. À la différence des Aztèques, collés à leur Signe, c'est-à-dire impuissants à considérer Cortés autrement qu'à travers leur propre système symbolique, le conquistador devine l'ordre aztèque, ses forces, ses failles, ses nuits. Et surtout, il devine que les Mexicains sont empêtrés dans des croyances, des dogmes, des parures, des sincérités trop lourdes pour l'action; qu'ils ne peuvent, comme lui, calculer des messages ou des gestes pour sidérer l'autre et brouiller sa lecture des événements. Cortés peut déjà, en Occidental moderne, concevoir la différence d'une autre culture, évidemment pas pour la «rencontrer», mais pour en surprendre les naïvetés, la tromper par des rébus symboliques, et la détruire. Tout l'art du conquistador, en plus d'une inépuisable, toute moderne et tout occidentale audace, consiste à multiplier par cent ses atouts militaires en les muant en symboles; ses canons en foudres, ses chevaux en dragons, lui-même en dieu revenant. Juste assez pour le «posséder», il s'intéresse à l'altérité de l'autre, et comprend que l'autre dans sa croyance ne peut pas concevoir sa liberté d'Européen par rapport aux signes. En effet, prisonniers d'un Signe despotique, les Aztèques étaient demeurés croyants au sens antique du terme, en un sens qui pour un moderne signifie «antiquité», esprit dépassé, dévouement sans raison, dépense immodérée, dictature théocratique non rentable, empêchement au progrès, suprématie du spirituel sur le culturel, et du culturel sur l'économique, etc. Plus anciens que nos Anciens gréco-romains, les Aztèques ne «s'arrangeaient» avec l'inconscient qu'au prix d'une soumission sanglante au Signe chargé de les en garder — d'en garder le Signe. En comparaison, et malgré la Croix gravée sur ses canons, Cortés est athée, sans foi ni loi. Avec son Signe, il peut s'arranger. Son Dieu a l'esprit moderne; il s'intéresse à la fin et le laisse libre des moyens. Et la fin est inscrite comme très noble dans le cœur du conquistador, différée dans le fond.

Aujourd'hui nous pouvons lire la conquête du Mexique comme une rencontre des Temps modernes et de l'Antiquité. À ce titre, elle éclaire la nature de la marche moderne, qui n'est jamais une rencontre mais une «dévoration». Et puisque la question de cet essai s'adresse aux chances du français québécois «dans l'avenir», c'est-à-dire dans une époque de modernisation sans repos, le sort aztèque peut donner à penser. Il enseigne que la modernisation est justement le processus par lequel une culture est réduite à l'état d'antiquité; comment l'ordre ancien devient imaginaire, «vieille folie», «parure», par l'épreuve d'un autre ordre symbolique, moins symbolique, ou moins «symboliste», pourrait-on dire, plus «réel», plus libre par rapport à l'empire du Signe. Plus une société serait liée au registre du symbolique (où la langue occupe la première place), plus sa marche moderne serait difficile? On remarque, en tous cas, que Cortés n'a pu réussir sa guerre énigmatique que parce que les Aztèques avaient réservé à la loi, aux signes, à la langue la première place, démesurée, folle — antique. Non seulement dans les rapports familiaux et les obligations religieuses, mais dans l'organisation sociale, administrative et politique, dans la hiérarchie et les usages militaires, et jusque dans les moindres faits et gestes de la vie, la société aztèque s'était soumise à un quadrillage «totalitaire» de lois, de règles et de prescriptions prophétiques. Cette société semble avoir eu l'ambition d'une culture à laquelle rien ne puisse échapper, et surtout que la culture ne puisse s'échapper elle-même. Un signe pour chaque chose et chaque chose sous son signe.

L'angoisse aztèque devant «l'autre» avait dressé des habitudes de paroles scellées comme des tombeaux. Là comme ailleurs, «à l'origine était le Verbe», et le Verbe fait chair, sacrifié et mangé. Parmi les nations mexicaines, les Aztèques se désignaient: «gens qui parlent et s'expliquent clairement». Comme celui de notre «dictateur» antique, le titre d'empereur signifie en nahuatl «celui qui possède la parole». Apprendre aux enfants le bon parler nahuatl est la première préoccupation des parents, parce que bien parler est la clé de toute situation sociale. On doit bien articuler, parler clairement, posément, sans haleter, gémir ou grogner. Soigner les phrases, adoucir les paroles et la voix, cette éducation se dispense dans des écoles spéciales, où les futurs prêtres, juges et dignitaires royaux sont formés. «Ceux qui ne parlaient pas bien, on les piquait avec des épines de maguey.» Plus strictement encore, les écoliers doivent retenir par cœur des *huehuetlatolli*, discours rituels appropriés aux diverses circonstances de la vie. Formulés avec soin et transmis par les ancêtres, ces discours stéréotypés serviront en temps et lieux prescrits, sans aucune variation individuelle. Tendue vers un idéal de codification sans reste de la parole, la culture aztèque semble avoir voulu interdire à l'individu de «prendre» la parole, bannir toute parole qui ne soit pas citation. On dirait une extension impériale, dans tous les sens du terme, de l'ordre totémique. Clore le monde et le temps, conjurer par la tyrannie du Signe la défection congénitale du Signe; onze mille victimes en un jour, soixante mille sacrifiés pour un couronnement, le recours quotidien à la Passion sanglante d'hommes, de femmes, d'enfants qu'on ouvre, écœure, écorche, dévore; ces cœurs offerts battants à l'appétit du Soleil; à quelle épuisante constance dans la dépense du sang les Aztèques s'étaient-ils enchaînés contre la dérive du Signe! Et quelle fatigue, peut-être. On peut dire: pour se maintenir comme culture, pour empêcher la fin. La fin de quoi? La fin elle-même, le pas moderne. Tout ce qui ne travaille pas avec cette fin s'épuise à ne pas voir la fin. On peut l'entendre de plusieurs manières. N'a t-on pas défini l'Occident comme la seule civilisation où la fin sert de moteur? Et qu'est-ce donc que l'époque moderne de notre Occident, sinon la dissémination des Cortés partout victorieux, partout le commencement de la fin pour les cultures?

L'Occident, ou l'époque moderne depuis la haute Antiquité, est le nom de la longue fin du Signe et de la naissance de ce sujet ingénieux que l'interminable désertion des dieux exile parmi ses outils; une manière d'échapper à la fin en se faisant fin, de parer à la perte de la foi en se disant athée, d'en finir avec Dieu en se réveillant Homme, d'échapper au Signe en se faisant Père, et en se soumettant Père soi-même au commencement de la fin. Aussi, «fondé» sur le démantèlement de sa foi, l'Occident ne peut-il que se trouver «en avance» sur les autres, et leur transmettre cette fin et cette course vers «l'avant».

À la pointe de la marche et du pouvoir modernes, on sait ne plus être la dupe des symboles, et que la foi, l'amour, la sincérité, la parole et l'honneur ne sont que des mots; il suffit de savoir les dire. Par le signe tu vaincras, à condition de ne pas y croire. De traiter le signe comme un signe seulement. Officiellement, les idéologies, les morales, les religions occidentales contredisent cet ordre réel de la traite des signes, en condamnent l'usage cynique et reprennent sans relâche les antiques professions de foi. Mais la pratique de l'Occident témoigne assez que l'on n'y croit plus depuis longtemps, ou du moins que ceux qui forment la pointe occidentale n'avancent qu'à la condition de ne croire à rien et de croître toujours moins dupes. Que les signes sont vides et qu'on peut en jouer pour manœuvrer les êtres pris dans leur corps ou subjugués par la croyance: pauvres, Noirs, femmes, enfants, mères, chiens, Québécois-à-leur-tour-de-se-faire-parler-d'amour... cela demeure le secret à découvrir, toujours à redécouvrir. On ne l'enseigne pas comme tel. Il est bon de l'oublier, en notre Occident voilé. Et quand les peuples expulsent le «civilisateur» occidental, ils sont tentés de restaurer l'antique croyance, le Signe pré-occidental. Ils peuvent toujours essayer. Les ayatollas peuvent grimacer pour chasser les satans. On ne se relève pas de l'Occident. On se relève Occidental. Pris à la gorge par la fin, Rimbaud concluait: «Mes derniers regrets détalent... Il faut être absolument moderne. Point de cantiques: tenir le pas gagné.» À cette interminable fin, ne pas prêter la main, c'est s'exposer à être bientôt doublé, bientôt victime d'un double retard. Mais comment s'inscrire gagnant dans la course contre soi? Que le combat soit toujours tenu *pas gagné*? Mais alors, en quel père fonder la langue qui nous gardera, et du coup moderne, et dans le coup moderne?

* * *

Un essai sur la langue québécoise qui commence par un long détour aztèque, cela témoigne assez de la fatigue québécoise. Les Québécois sont fatigués du «Québec». À cela personne n'échappe. Surtout pas l'intellectuel. On dirait qu'il n'y a plus de sensibilité québécoise pour s'affliger du drame québécois. Comme si la faculté de ressentir la perte se perdait. Comme si l'on devenait plus taciturne avec les progrès du mal. Comme si «le Québec», depuis 1960, avait été précisément le nom de cette sensibilité au Québec, en train de se perdre. Vient-il bientôt, ce temps d'oubli décidé, sans souci de langue, où personne ne trouvera plus à se rappeler, comme je le fais maintenant, que nous sommes en train d'oublier? Pour certains déjà, déplorer la perte ne signifie plus rien. Ils marchent vers le soir avec un air entendu. Naître peut bien coûter la vie au Québec. Sa plainte nous fatigue tous maintenant. Mais comment se tenir, fors cette plainte et cette fatigue, puisque crainte et plainte de perdre la langue nous font tenir ensemble depuis si longtemps?

    La naissance du Québec moderne a coïncidé avec la plus grande menace contre l'existence canadienne-française, et contre sa langue, liée pour son malheur à nos traditions catholiques. Sur le coup, la naissance moderne s'est vécue moins comme un écart, un arrachement, un commencement de la fin, que comme une libération. Le peuple qui changeait ne s'est pas senti mourir, pas non plus senti entrer pour toujours dans la fin de ce qui commençait. Au contraire, comme dans les nombreux *revivals* qui se produisent partout au choc moderne de l'Occident (le nom même de la chute — *occidere* — hors de soi), notre décomposition culturelle s'est voilée d'abord d'une belle profusion de ce qu'elle achevait. La nouvelle culture n'a pas moins rassemblé, recueilli et réactivé les signes tribaux qu'elle ne les a mis en révolution. La crise de notre naissance nous a fait décoller, mais aussitôt coller ensemble contre la crise. Hors d'un monde arriéré, le Canadien français a senti parfois ne pouvoir avancer d'un pas sans reculer d'autant; la marche moderne put même sembler incompatible avec le Canada français, non qu'il eût sa marche propre, mais plutôt que toute marche paraissait lui être étrangère. Puis «le Québec» a été cette hésitation entre regretter et détaler. Enfin, c'est à cette hésitation pénible que le Parti québécois a tenté de mettre fin. Mais on ne peut pas en finir avec la fin, pas comme ça. Ainsi, lors du référendum, on a tenté de précipiter notre crise culturelle vers une restauration des valeurs immuables, revues et corrigées.

Faute de relancer la lutte populaire (il la craint), le gouvernement dut manipuler, mais comme autant de symboles vidés de leur sens militant, les slogans et la culture de lutte des années 1960 et 1970. Ce qui revenait, entre la chèvre de la révolution et le chou de la tranquillité, au bon vieux nationalisme canadien-français, essentiellement conservateur. Aux yeux d'un peuple maintenant gagné à la nécessité du changement moderne, rien de plus facile alors pour M. Trudeau (malgré son incompétence économique et son autoritarisme antidémocratique de vrai notable canadien-français) que de passer pour un moderne en lutte contre un nationalisme régressif. Il aurait pourtant été facile d'atteindre M. Trudeau et de le détruire dans l'esprit du peuple québécois: tout son talent se borne à parler à chacun dans son accent, depuis une immobilité empreinte de gravité (l'air de grandeur noble que pas un chef québécois n'ose emprunter); provoqué à bas de son socle, il bascule dans le clownesque, l'énigme facile dont il nourrit sa légende. Que M. Trudeau soit toujours l'inévitable Waterloo du Parti québécois révèle assez quels esprits prémodernes, englués dans les postulats de la sincérité et de l'adéquation à soi-même dirigent la lutte indépendantiste.

Le soin de lutter pour la vie du français québécois repose entre les mêmes mains. Pour caractériser l'action du gouvernement, il faut rappeler l'état des luttes québécoises au moment de sa première élection. Peut-être déjà la terreur d'octobre 1970 et les mesures de guerre avaient-elles eu raison d'une bonne partie des forces militantes? Quoi qu'il en soit, le 15 novembre 1976 a sonné la fin de la lutte des Québécois français. Cela, du moins, paraît tel aujourd'hui. Le législateur a remplacé le militant, le manifestant, peut-être aussi le chanteur et le poète. Au contraire de cette attitude d'apaisement, les forces antifrançaises et antiquébécoises du Canada refusent dans les faits, dès 1976, la légitimité de l'élection par le peuple du Québec d'un gouvernement souverainiste — refusent d'en tenir compte comme d'un pas moderne. Par le biais de la police fédérale, elles avaient infiltré, détourné et précipité vers un aventurisme suicidaire les mouvements radicaux des années 1960. En 1976, la lutte devient le fait non plus de la police mais de toute la société civile. Pendant que les Québécois français, effrayés déjà de leur audace aux élections, se retirent devant leur écran de télévision; alors que les journalistes indépendantistes adoptent naïvement une attitude de réserve, voire d'«objectivité critique» face au nouveau gouvernement, les forces antiquébécoises déclenchent une lutte systématique: la presse anglaise, sans même plus se soucier des apparences de l'objectivité, s'installe dans une attitude de combat moderne, allant de la mauvaise foi au terrorisme idéologique (sondages Goldfarb de l'automne 1977), de l'amalgame (péquisme égale nazisme, racisme, fascisme, gaullisme, etc.) à la diffamation; des organisations nouvelles jaillissent du sol stérile de la conscience politique canadienne, soi-disant «pour l'unité canadienne», en réalité contre le mouvement québécois; des géants économiques prononcent régulièrement la condamnation du Québec, etc. Au lieu de souligner la gravité de ces menaces, le gouvernement dit aux Québécois qu'ils sont beaux, qu'ils sont forts. Eux ne sont pas gênés. Ils aiment ça. Leur marche suspendue, ils attendent des lois. À partir de là, on pourrait faire l'histoire du règne péquiste en termes de naïveté juridiste. Comme si l'on avait cru pouvoir promulguer par décret la maturité nationale.

Pour assurer la force du français québécois, suffit-il d'une loi? Non, tous en conviendront, même à Québec. Il n'empêche que, dans les faits, l'adoption de la Charte de la langue française s'est substituée aux luttes contre l'hégémonisme anglais. Au sens strict, le juridisme définit «l'attitude de quelqu'un qui s'en tient à la lettre des lois» (Robert). Dans le cas de la loi 101, le juridisme consiste d'abord à croire dans le pouvoir transformateur de la loi elle-même, ensuite à penser que les situations qu'elle veut corriger épuisent les dangers qui menacent notre langue. En opérant un clivage entre le dedans et le dehors du groupe français, la loi dirige tous les soupçons vers le dehors, elle détourne l'attention de la lâcheté linguistique à l'intérieur de la nation.

La parole ne relève pas couramment de la loi, mais de la norme. Dans les magasins de Montréal où l'on s'adresse à moi en anglais (la devanture est maintenant plus ou moins française), ce n'est pas la loi qui s'applique, mais la norme. Que je résiste au marchand et poursuive la conversation en français, je sentirai une pression normalisatrice — à laquelle je pourrai bien céder si je souhaite le moindrement faire aboutir les choses. Car la pression normalisatrice ne me pousse pas vers la langue anglaise (à cela il est facile de s'opposer) mais vers un «*no language's land*», une attitude moderne de «communication», pratique, économique, etc. Partout où «la langue n'a pas d'importance», l'anglais s'impose. Le pas moderne, on l'a dit, gagne par une déposition globale du symbolique. Évidemment, je peux sortir carrément du repaire anglophone, magasiner ailleurs; ou invoquer la Charte, en appeler au Parlement, brandir le Sceau Royal... Dans les deux cas, ma vengeance reconnaît implicitement l'impuissance de la loi contre la norme. Et dans le contexte de fronde contre l'État qui règne depuis Reagan, je transforme mon oppresseur en «individu» brimé par la loi «totalitaire»; cela pourrait même lui susciter des défenseurs jusque chez ses clients français. Je peux aussi pousser plus loin, porter plainte, entamer un procès, que je gagnerai peut-être... si la loi n'a pas été déclarée inconstitutionnelle. Car celui qui vit par la loi périra par la loi. Le plus grave, c'est qu'à cause de la loi, je me serai cru dispensé de l'essentiel: parler français avec une telle force, une telle assurance, ou même avec assez d'agressivité pour que la norme change de langue.

La Charte est essentielle, et encore trop timide. Mais il ne faut pas y «croire»; elle demeurera sans grand effet sur l'immense champ de la parole à moins d'une décision vivante de lutte. Or le juridisme crée une incitation non à la lutte, mais à l'entente bonhomme où se réfugie volontiers le colonisé dans l'âme. Cela le dispense de se déchirer contre l'Anglais qu'il admire et dont il voudrait être aimé. M. Lévesque l'avait dit, au moment du débat sur la loi: il est humiliant pour un peuple d'avoir à légiférer pour protéger sa langue. Entrons un instant dans la logique de cet énoncé. S'il est humiliant de confier à la loi la garde de sa langue, c'est qu'elle devrait pouvoir s'en passer, «normalement», comme on dit au P.Q. Cela signifie qu'on demande à la loi de substituer la norme française à la norme anglaise dans les milieux dominants et modernes. Alors pourquoi s'en prendre seulement aux «autres»? Dans l'esprit du gouvernement, une réponse positive au référendum et l'épanouissement subséquent de la société québécoise française devaient évidemment rendre ces questions sans objet. C'est pourquoi le juridisme du gouvernement doit être critiqué non seulement dans sa manière de traiter la langue, mais comme attitude globale devant la crise québécoise.

Car un des traits de l'effronterie moderne est la complète dévaluation de la loi, aujourd'hui dépourvue de toute autorité morale. Chacun considère, et d'autant plus qu'il a l'esprit moderne, qu'il possède au fond le droit de faire ce que la loi interdit. On s'en vante même. Il est communément admis que «ce qui n'est pas permis, c'est de se faire prendre». Chacun s'estime lésé par la loi et la norme s'établit souvent contre elle. Faire confiance à la loi pour faire vivre le français ou pour agir de quelque manière contre la colonisation culturelle, c'est s'accrocher à «ce qui devrait être parce que c'est écrit dans la loi», au lieu de lutter contre ce qui est réellement; c'est surinvestir le Signe (juridique et linguistique), alors qu'il faudrait lancer une action pour le garder vivant dans l'époque de sa défection. Le juridisme qui gagne actuellement tous les grands acteurs de la scène publique révèle un refus toujours plus apeuré de considérer la crise du Québec comme une crise québécoise, une crise de la vie, de l'espoir, des raisons d'être là — une crise politique interne, non pas causée par d'autres pour l'essentiel, mais par une peur d'avancer entérinée dès 1976 par le gouvernement. Peur d'avancer, d'imaginer, d'oser: *peur de parler*. À mesure que le réel lui échappe et que le Québec se fait plumer, le gouvernement devient toujours plus juridiste; au lieu de modifier la réalité, il change la loi. Ainsi, pour soulager son budget, il n'a pas proposé aux travailleurs publics un projet transformateur, une innovation critique. Voilà qui aurait été de la culture moderne! Il a plutôt décrété des lois. Puis réprimé avec d'autres lois la résistance aux premières.

Quant à la réplique syndicale, rien n'illustre mieux la fatigue québécoise, la régression du militantisme au juridisme. Après la retraite des troupes (au bord des larmes), l'exécutif du Front commun (1983) a capitulé, puis confié à des avocats la lutte des travailleurs. Le champ de bataille est devenu constitutionnel. En cette dernière affaire, d'ailleurs, le juridisme éclaire sordidement l'immaturité politique qui l'accompagne toujours, puisque la tactique syndicale a consisté à s'attaquer, sans aucun discernement des enjeux, à la langue française. En effet, le gouvernement québécois, en accord avec la Charte de la langue française, et fidèle à son refus de la Constitution adoptée contre le Québec par l'ensemble des autres provinces et par le gouvernement fédéral en 1982, promulgue ses lois et décrets en français seulement. La stratégie syndicale, qui accusait cet unilinguisme devant les tribunaux, revenait donc à reconnaître implicitement la Constitution canadienne et à concéder au gouvernement fédéral le droit d'assujettir au bilinguisme l'Assemblée nationale du Québec. Cela revenait aussi à désavouer la Charte de la langue française. Le Front commun n'a-t-il pas été jusqu'à prier Ottawa d'user de son «pouvoir de désaveu»! Jusqu'à brûler le drapeau québécois devant le Parlement de Québec en chantant l'*Ô Canada*! C'était confondre délibérément le Parti québécois avec l'État et avec la nation. D'ailleurs, le recours à l'argument juridique est toujours un aveu d'immaturité politique et historique. Pensons aussi à la lutte du gouvernement du Québec pour son droit de veto, jusqu'en Cour suprême. Hélas, il fallait mobiliser la nation, non un bataillon d'avocats. Je plaisante, bien entendu; le P.Q. n'a jamais seulement tenté de mobiliser les immenses ressources populaires du Québec. Pas même au référendum, où il a donné l'exemple le plus ridicule peut-être de son juridisme, en tentant d'obtenir, en pleine guerre, une injonction contre la propagande frauduleuse d'Ottawa, sans oser lui-même répondre à la guerre par la guerre.

Si au moins cette confiance désuète dans le Signe s'accompagnait d'une prédilection pour la langue forte, la pensée, l'éducation, la culture. Au contraire! Susciter la lecture, l'instruction, la critique? Diffuser l'histoire, l'économie politique? Former la conscience indépendantiste? Le P.Q. a eu peur du peuple, et d'en être débordé, dès que la formidable fête qui l'éleva au gouvernement lui eut permis d'en mesurer les penchants excessifs.

Va pour des chansons. Mais faire penser, c'est délicat, compliqué, inefficace, pas rentable, dangereux peut-être. La culture se développe avec la fécondité politique, et vice-versa, jusqu'à un certain point. Pas étonnant que, tout comme ses prédécesseurs, ce gouvernement issu d'un parti d'intellectuels se méfie des intellectuels.

*   *   *

Des étudiants en lettres à l'université se plaignent d'avoir à structurer leurs travaux, et demandent l'autorisation de n'utiliser qu'une écriture «poétique», une versification libre, un style «vécu», une forme «moderne». On s'aperçoit ensuite que c'est parce qu'ils ne peuvent écrire de la prose courante.

On a pu lire dernièrement l'essai politique d'un poète déjà classique dans les cercles de la «nouvelle écriture». On a découvert qu'il ignore l'écriture en prose (et qu'il ne s'en aperçoit pas), maîtrise mal la syntaxe, prend souvent ce qui est clair dans sa tête pour ce qui est marqué sur son papier. Il n'est pas le seul.

De quelle modernité peut-il s'agir, chez des nouveaux scripteurs, quand la poésie, peut-être vraiment géniale à sa manière pulsionnelle, est d'abord un évitement de la loi, un droit de veto ou un statut particulier, une anté-prose pré-logique, non un dépassement de la platitude prosaïque par une maîtrise supérieure? *Baby talk* veut se faire passer pour *genius talk*.

«Bof... à quoi sert de connaître à fond cette langue étrangère, le français de France. Le français québécois va comme ça lui vient, sauvage et subversif, vivant et vigoureux, il outrepasse heureusement les règles désuètes, etc.» Voilà la réponse à mes remarques prédécentes d'une bonne partie de nos professeurs de français. On a tout dit sur cette manière de «penser»; on l'a dénoncée, déconstruite, on a démasqué son soi-disant matérialisme. Il n'empêche qu'elle représente toujours la mentalité de nombreux enseignants au sujet de la langue, de la culture et de la pensée élaborées, parfois même au sujet de l'instruction en général. Le mépris des études avancées (dénégation face au doctorat, par exemple) et du «bon parler» n'est pas le fait des paysans ou des ouvriers, mais d'intellectuels «arrêtés» dans leurs études supérieures, et retournés contre le savoir et la culture en un geste de veto qui confère une autorité sans plus attendre. L'autorité du savoir s'acquiert péniblement et à la longue; l'autorité contre le savoir s'obtient d'un coup, par décision érective du sujet et par autoconstitution de son «vécu» en régime de statut particulier.

De nombreux intellectuels, professeurs de littérature, de philosophie ou de sciences humaines, refuseraient tout simplement de se présenter comme des intellectuels; ils en seraient gênés, avec un rire fuyant. L'attitude envers la langue et son strict enseignement va de pair. De la langue provient la pensée; dénigrer (je ne dis pas «déconstruire») l'autorité de l'intellectuel, refuser d'assumer sa tâche critique, c'est aussi refuser l'exigence d'une langue très articulée et de son pénible apprentissage écrit, et s'en remettre à l'oral, à l'expression, au bon sens, à l'idéologie, à l'ombre occulte des mots.

Il faut rappeler que cette attitude répond à une ambiance idéologique générale en Amérique du Nord. Malheureusement, au Québec, ce préjugé contre les intellectuels et contre la langue écrite s'est traduit dans les politiques pédagogiques d'apprentissage du français. On ne dira jamais assez à quel point ces politiques sont en contradiction avec les objectifs de la loi 101; à quel point elles défont ce que la Charte tente péniblement d'assurer. Or ces progressistes instruits, aujourd'hui chargés d'enseigner à la jeunesse, ces adolescents tout-puissants des années 1960 (aujourd'hui dans une quarantaine déconfite), ces intellectuels anti-intellectuels, ces autorités constituées contre l'autorité du savoir, formaient encore récemment le noyau dur des indépendantistes péquistes, et, à ce titre, la base indéfectible des lois nationalistes, et notamment de la Charte de la langue française. Quand on sait la place des intellectuels au P.Q., doit-on conclure que la bouderie dénégative qui mine la langue française chez les intellectuels québécois forme aussi l'idéologie des auteurs de la Charte? Ne citons, comme exemple récent, que le projet de supprimer les deux années de philosophie du programme collégial général, sous prétexte de «lutter contre l'élitisme». Comme si nos élites avaient jamais philosophé! Que voilà du beau populisme culturel, un double mépris, à la fois du peuple et de la culture.

Certains diront que la contradiction entre la Charte et les politiques (anti) pédagogiques s'explique par le fait que le pouvoir craint la diffusion de la ressource efficace pour la pensée critique que constitue le français moderne; que le nationalisme veut toujours s'appuyer sur une langue «aztèque», pétrie de ressemblance et close d'identité; que le français entretient un dialogue permanent avec sa propre fin, qu'il défait et dé-limite toutes frontières entre le même et l'autre, qu'il est une langue qui jamais ne «nous ressemblera», etc. On l'entend beaucoup, à Montréal, en ce moment, dans les milieux formés à la «modernité», cette critique de la métaphysique nationaliste, qui entache toute idée de «retrouvailles», de recueillement de soi, de récollection, de restauration. Malgré qu'il ne s'agisse souvent que d'une manière intelligente («nouveau philosophe») de se dégager de la solidarité nationale, il faut reconnaître qu'elle touche juste et explique pourquoi les Québécois protègent leur langue par une loi, tout en la malmenant eux-mêmes; pourquoi on a l'impression que le français, décrété par la loi langue nationale, les Québécois eux-mêmes ne l'ont pas décidément adopté.

Il faudrait peut-être se représenter la loi 101 comme procédant d'un esprit des Lumières péquiste. Tout Québécois naît bon et indépendantiste. Le Canada le déforme. De bonnes lois ranimeront la nature française et lui permettront de s'épanouir. Le juridisme du Parti québécois rappelle l'optimisme pédagogique des Philosophes du XVIIIe siècle. Malheureusement, le Québécois ne se trouve pas dans la situation simple d'un germe de nature française qu'un peu de défrichage alentour remettrait dans sa croissance spontanée. Car chaque Québécois porte en soi-même la possibilité d'une négation et d'un oubli complet du français. Et il faut bien avouer que la conception dont procède la Charte ne correspond pas du tout à notre autre identité, l'américaine, dont on ne semble pas savoir quoi faire dans cette histoire de langue. Bien sûr, la vision de l'Histoire, le projet d'un Peuple en Progrès appartiennent à l'époque moderne, à la plus généreuse, à la plus admirable époque moderne, celle des Lumières précisément, et de tous les projets optimistes d'un Signe nouveau dégagé des vieux jougs. Mais dans quel contexte tentons-nous d'accrocher notre langue (et nous-mêmes) au Signe libérateur!

Les U.S.A., la forme historique extrême de la défection moderne, ont depuis toujours commencé à s'éloigner des Lumières qui avaient inspiré leur Constitution fondatrice. Au point que cette constitution généreuse a paru souvent nuire au développement américain «naturel», celui d'une puissance croissant sans souci éthique. C'est pourquoi il ne sert à rien de rappeler aux Américains leur propre «révolution», ni de leur citer les belles phrases de leur Constitution, comme l'a fait René Lévesque à New York, peu après son élection. Bien des émissaires de nations en lutte ont tenté de cette manière d'obtenir la sympathie des Américains pour la lutte révolutionnaire dans leur pays. Les Américains puissants, ceux qui comptent, ne s'y laissent jamais incliner. Dans sa pratique, l'Amérique, comme toute la progéniture anglo-saxonne, n'attache aucune valeur à la «différence» pour elle-même, et elle renie comme émanant d'un collectivisme non américain la moindre contrainte d'un plan global et fraternel des rapports entre les nations.

La contradiction peut travailler les Américains à l'intérieur, c'est leur modernité; hors des U.S.A., elle n'entrave pas la marche américaine (sauf quand l'écho intérieur en est devenu trop gênant). «Démocratiques», les Américains préfèrent dans leur empire des dictatures stables, insensibles aux idéaux qui les gouvernent chez eux. Le développement «à l'américaine» s'accommode mal de limites et de règles; la force compte seule, et les idéaux, les principes, les lois ne sont que des obstacles à renverser ou à contourner.

Que peut donc espérer la langue d'un Québec américain, économiquement faible et politiquement dépendant?

La prospérité des années 1950 à 1980 avait permis de croire le français québécois sorti de son isolement par rapport à l'économie capitaliste majeure, et devenu un compagnon viable dans l'économie nord-américaine. La crise récente a rappelé qu'en cas de naufrage, le mousse québécois est le premier mangé sur le radeau canadien. Comment dans ces périls tenir le pas moderne, demeurer l'associé du mouvement qui nous mange? La question traverse le corps de toute nation (et de tout individu) jetée hors du coup. Hors du coup qui la met hors du coup. Les U.S.A., par exemple, sont dans le coup qu'ils se portent. Le colonisé, lui, se le fait porter, le coup moderne. Et c'est toujours un coup de langue autant qu'un coup d'argent.

Si la Charte du français procède d'une manière transcendante, d'une conception vaguement héritée des Lumières et de leur «despotisme éclairé», c'est parce que les Québécois ne dégagent pas assez de puissance immanente pour inspirer aux allophones le «goût» de parler québécois. Peut-être parce que nous ne sommes pas assez américains, malgré tout ce que nous disons. Dans l'Amérique forte et sans merci que nous nous souhaitons, il n'y a pas de respect ou de statut particulier pour la différence. La langue française des Québécois, elle, serait française par ses ressources, mais avec une dégaine américaine, une vitalité cruelle. Nous sommes dans le piège de toujours comparer la langue indigente que nous parlons à la forte langue de France, alors qu'il faut concevoir la gueule que pourrait avoir notre français s'il était vraiment d'Amérique, c'est-à-dire un peu moins inquiet de ne pas faire de peine aux autres, un peu plus bête et puissant. Le reste viendrait ensuite. À ne considérer par exemple que les mass-medias américains, on découvre que la langue n'y est pas limitée à son niveau le plus pauvre comme chez nous, que l'on peut souvent y entendre une parole américaine pensée, articulée, de laquelle se dégagent force, culture et autorité (cela rappelle cette «arrogance» que les Québécois réprouvent chez les Français). Une telle force et une telle maîtrise américaines ne s'entendent pas plus sur nos ondes que la force et la maîtrise françaises. Nos meilleurs journalistes ne dépouillent jamais la livrée servile; même les femmes n'y arrivent pas, sans le père, et s'empêtrent dans leurs lapsus. On dirait que ce n'est pas leur voix qui parle.

Peut-être n'est-il pas encore possible de parler le français québécois d'une manière nette et publique, majeure, sans la gaffe motrice. Sans la défection savante, l'art de présenter sa tare comme une astuce, un supplément moderne, même assez subversif.

Les Français devraient peut-être nous regarder comme la pythie prophétique de leur propre sort. Dans le peloton de tête des nations s'américanisant, nous sommes les premiers à recevoir le coup moderne, mais non pas à y entrer. Nous oscillons encore, sur un seuil, pas sûrs d'entrer dans cette fin moderne ou d'y être happés. Notre projet des Lumières se heurte toujours à notre tentation américaine de la loi du plus libre. Il y a même des jours où l'on se demande en quel sol positif de désir une législation comme la Charte de la langue française peut prétendre s'enraciner. Nous inclinons à la représentation que nous en renvoient les autres, au nom de leur Amérique: une loi borneuse et bornée. Au nom de notre Amérique, imposons-nous sans remords, avec le sourire, avec de belles phrases même, mais sans céder d'un pouce. Certains paraissent convaincus que notre résistance au viol est un abus de pouvoir. Soyons durs pour ceux qui «menacent nos intérêts», nous serons enfin Américains...

À moins de maîtriser et de diriger sa propre fin, sa proche chute hors-de-soi dans la marche moderne, une nation paraît condamnée à la subir, à se la faire infliger précisément comme fin. Combien de temps la langue française pourra-t-elle vivre dans un Québec encore plus faible? Peut-être sortira-t-on de la «crise» plus forts et plus riches, mieux industrialisés et tout décidés à former des légions de savants, de penseurs, de critiques sociaux, de réformateurs des mœurs, d'enseignants pour former l'intelligence politique du peuple...

Il est clair que je délire et que ce que je pense s'évanouira avec mon jour. J'ai le sentiment de mon antique cécité, par exemple quand je traverse le hall des Hautes études commerciales, vers mes classes de littérature. Peut-être n'est-ce encore que le trait québécois retourné contre soi.

Plus je suis aveugle et mieux je nous vois parmi les nations, celle-là qui ne connaît ni la guerre, ni la mort, ni la haine, ni la solennité, qui n'a réussi ni le Père ni la Loi. Une chance. Un trou. Notre langue: un *baby talk* pas encore américain, livré à la tyrannie de la mimique et du sens, une clownerie plus volontiers grossière qu'agressive. Nous passons vite aux poings dans un accrochage, tout de suite acculés au corps-à-corps, tout de suite à bout des mots turbulents qui interposeraient un heurt symbolique. Hélas, d'où nous viendra le père qui nous apprendra aussi à parler droit, afin que nous sachions enfin de quel droit chemin nous délirons génialement? Et passions du registre du symptôme à celui de l'œuvre? Car nous sommes allés dans nos régressions bientôt aussi loin que possible. Desrochers, Deschamps, Sol, Plume, et des pavillons entiers de Ding et Dong; la parole des amériques incompatibles qui nous travaillent, cette élocution formée aux trous psychotiques de notre dislocation, ces voix comme des hoquets, toutes nationales d'horreur et de niaiserie honteuse — il y faut un peu de travail encore en plus, peut-être? Pour la mettre en œuvres, en symboles, en rencontres, cette effrayante ironie rhinocéros, capable d'un détachement jusqu'au énième degré pour dire la défection moderne du sens, et de telle manière que dans ces bouches, la vraie voix se perde parmi les autres.

UNE MODERNITÉ BIEN DE CHEZ NOUS

La barre du jour

> *Je mourrai fou. Comme Baudelaire!*
> Émile Nelligan
> *Nous reviendrons comme des Nelligan.*
> Claude Beausoleil

Le numéro de la revue *Voix et images* de l'hiver 1985, consacré à *La barre du jour* (1965-1977) et à *La nouvelle barre du jour* (depuis 1977), pourrait bien constituer un des documents les plus importants de l'histoire littéraire québécoise. Évidemment, il ne rend pas compte de tous les auteurs publiés dans ces revues, mais il offre une anthologie de ce qui présente un caractère «historique» chez elles. L'ensemble est travaillé par des tensions, mais il demeure cohérent par l'esprit qui le soutient, et ce sera le parti pris de cet essai de le traiter, avec l'aide de quelques ressources modernes, comme un texte.

L'éblouissement critique

Le dossier impressionne: un choix de «politiques éditoriales», dont certaines publiées «hors BJ/NBJ» ou inédites, heureusement complété par une sélection de «publicités», de «lettres de refus» aux auteurs, et même de «demandes de subventions»; quatre entrevues avec les différentes équipes qui ont imprimé à la revue son caractère; une bibliographie plus qu'exhaustive, non seulement de *La barre du jour* mais aussi de quelques éclats fameux: «à partir de l'article de François Hébert sur Nicole Brossard», «sur la *nouvelle écriture*», «sur la modernité querellée». On trouve même une revue de presse, «petite réception en capsules», une liste des périodiques culturels depuis 1954, et un astucieux tableau synoptique à double entrée qui permet de suivre sur vingt ans les mouvements d'équipe à *La barre*. En somme, un produit *Voix et images* de haute qualité, de la trempe bien québécoise de ces ouvrages auxquels nous excellons maintenant et où l'intelligence critique épouse le réel littéraire d'une manière confondante.

La section «études», il est vrai, paraît plus faible que le reste. À l'exception de l'article de Pierre Nepveu, *Difficile modernité*, on ne remarque pas dans ces textes le recul critique. En réalité, on les distingue mal des «politiques éditoriales» de la revue elle-même. C'est fâcheux. Le tableau est gâché, et on s'aperçoit que le dossier dresse le portrait de *La barre* par elle-même. Les gens de *La barre*, du jour et d'hier, ont été rappelés pour l'occasion et ont contribué, chacun selon ses besoins, à se représenter pour l'Histoire. C'est un monument, reconnaissons-le. Tumulaire un peu, comme tous les monuments, mais non moins majestueux. Avouons aussi que la phrase de Chateaubriand devant Khéops s'appliquerait ici avec un à-propos bouleversant: «Ce n'est point par le sentiment de son néant que l'homme a élevé un tel sépulcre, c'est par l'instinct de son immortalité.» Car ceux de *La barre* ne se méprennent pas sur l'importance de leur revue. Ils la savent considérable, et depuis les origines la conscience de jouer en quelque sorte un rôle fondateur sur la scène de l'Histoire a conféré à leur démarche une aura de futur antérieur. Ils auront été ceux-là. Aussi peut-on, sans méchanceté et dans un esprit de franche camaraderie, leur reprocher d'anticiper la sanction des siècles, et de s'identifier un peu tôt à ce qu'ils paraîtront avoir été quand ils ne seront plus et qu'on se souviendra d'eux. On se demande même parfois si certains d'entre eux ne survivront pas à leur réputation. On se rassure, cependant, quand on considère le palmarès. Et l'on comprend que si la revue s'accolle à elle-même la qualité historique des «*collector's item*» («On s'y abonne et on la collectionne», publicité, 1980), c'est parce que le bilan est proprement fabuleux: ils auront été ceux-là qui auront créé un nouveau genre littéraire, le *texte* (J.-Y. Collette, *NBJ* 141), «particularité très spécifique de l'écriture québécoise contemporaine» (L. Blouin et B. Pozier). Créateurs d'un «nouvel imaginaire», ils auront été «la source» de presque tout ce qui compte aujourd'hui, «le texte, le formalisme, la transgression, le féminisme, le lesbianisme, la modernité» (C. Beausoleil, 1981). «Certes, de la *barre* à la *nouvelle barre du jour* une bibliothèque s'est constituée» (C. Malenfant), et dans cette constitution se sera joué un acte majeur de la psyché d'ici: le remplacement du «grand sur-moi français» («identifié» par Nicole Brossard) par «un non moins grand sur-moi Brossard» (N. de Bellefeuille, 1982). Nicole Brossard elle-même n'aura été rien de moins que la «créatrice d'une nouvelle langue» (A. Roy, 1982).

Cette anticipation un peu téméraire du jugement de l'histoire (alors que c'est cette présomption, inévitablement, qui sera retenue et jugée) s'est manifestée aussi, on le sait, en des colloques consacrés par la revue à ses propres sujets: Nicole Brossard, nouvelle écriture, modernité. On se salue soi-même comme l'aurore du nouveau jour. Mais à force de briller dans son propre miroir, un soleil ne s'éblouit-il jamais? Et si cette célébration de soi barrait le jour au lieu de l'annoncer?

Il y a quelques années, Joseph Bonenfant déclarait que *La barre* était «un phénomène littéraire majeur des années 1970». Lui-même ami et collaborateur de la revue, il a préparé, non sans André Gervais, cet historique numéro de *Voix et images*. Son opinion a mûri:

> *La (N) BJ a non seulement reflété ou accompagné le projet littéraire de la société québécoise, mais elle l'a annoncé*

et suscité, et souvent devancé, en le constituant, toujours selon la visée d'un projet que personne ne peut lui dénier.

Alors là, je dois mettre mon lecteur en garde. Curieux de connaître ces deux «projets», le «littéraire de la société québécoise», et celui de *La barre*, «que personne ne peut lui dénier», il souhaitera peut-être en savoir le fond. Hélas, il ne trouvera rien là. Une pudeur exquise retient ces auteurs d'éclairer les endroits délicats. Alors ils en traitent comme de matières évidentes pour tout le monde. Peut-être pensez-vous que la société québécoise n'a pas de projet littéraire? Peut-être aussi, à la lecture, n'avez-vous pas trouvé nette la «visée» de *La barre*? C'est parce que vous en êtes trop loin pour voir que cela n'a pas besoin d'être clair quand on est proche. Joseph Bonenfant est proche. On peut même dire que sa critique célébrante, monumentale, est mimétique. C'est le hic. Et cela explique que *Voix et images* se soit ni plus ni moins transformée en *La barre du jour* à l'occasion de ce numéro spécial. L'incroyable remarque sur «le projet littéraire» de notre société s'explique aussi par un débordement de glu, un effet de mimétisme entre les sujets d'un groupe tricoté serré. La barre reproduirait-elle la marche québécoise, quand elle croit l'annoncer?

André Vanasse, directeur de *Voix et images*, explique «l'absence d'études dans le présent numéro» par «l'ampleur du dossier BJ/NBJ» qui n'aurait permis «d'autre choix que de laisser la parole aux diverses équipes qui ont, au fil des ans, dirigé la revue». Mais en réalité, le travail de Gervais et Bonenfant témoigne d'une imprégnation par l'objet qui est la véritable raison de l'absence d'«études», c'est-à-dire de sens critique dans leur lecture de *La barre du jour*.

Autant l'Hexagone a inauguré et promu un âge de la parole, autant la BJ et la NBJ ont inauguré et balisé une ère de l'écriture, dominée par la pratique des textes de fiction et ouverte à tout sujet-conscience désireux d'intervenir, à toute voix nouvelle désireuse de se faire entendre.

Monumensonge. Mais aussi célébration qui mime son objet: «sujet-conscience», par exemple, est emprunté au lexique Brossard. Le dossier reproduit tout naturellement les tics de ce corpus (devenant donc lui-même un morceau de corpus). Tout est fait pour que *La barre* se sente chez elle à *Voix et images* et qu'elle s'y reproduise à l'aise. C'est intéressant. Car on finit par découvrir que le mimétisme ne concerne pas d'abord le rapport entre les deux revues, mais que c'est parce que *La barre* apporte avec elle à *Voix et images* son propre fonctionnement mimétique que celle-ci se transforme en *Barre*. Bonenfant et Gervais appliquent dans leur travail l'optique «critique» qui se pratique à *La barre* et alentour, où réflexion signifie réflection, critiquer remarquer, interroger souligner. Par exemple, C. Beausoleil au sujet de Nicole Brossard:

> *S'interroger sur cette production déjà abondante mais toujours en élaboration ce n'est pas figer l'œuvre dans des approches analytiques qui viendraient la rendre lettre morte, mais il me semble au contraire souligner, remarquer ce qui dans cette œuvre réactive sans cesse le goût d'analyser, de lire et d'écrire. (1982)*

Le mot *analyser* est là pour le kick. Beausoleil ignore ce que c'est. Un autre, C. Malenfant, de la même œuvre:

> *On comprendra alors que la critique n'a pas d'autre choix que celui de s'immiscer dans cette concentration, non pas tant pour la dénouer ou pour en juguler les énergies, mais plutôt pour faire partie, par le biais d'un discours contrapuntique, de ce projet alternatif de réduction et de totalisation.*

C. Malenfant appelle aussi «palimpseste réverbérant» ce travail «critique» qui consiste à se faire l'écrin du texte. Ni travail ni critique, mais danse amoureuse autour du corps sacré. Faut pas toucher, pas juguler, pas dénouer, mais «faire partie». Se perdre dans cet autre qui devient soi. Et l'éblouissement, en supprimant l'écart par rapport à l'autre, supprime également l'écart entre soi et soi: l'autre en soi est perdu.

Pierre Nepveu notait déjà, en 1981, que «le métalangage des histoires d'écrire dans la NBJ relève surtout de la paraphrase, du miroir, du redoublement». Aujourd'hui, il dégonfle la «modernité» de *La barre:*

> Lecture-miroir, lecture qui mime son objet dans un incessant rituel de célébration et parvient par là seul à échapper à la pure redondance. La modernité critique devient ici une modernité euphorique et romantique, applaudissant les «textes-voltiges» et la «star écriture» [C. Beausoleil] et privilégiant la «connivence» et la «complicité».

Il serait inexact de conclure que *La barre* n'est pas moderne. Elle ne participe pas de la modernité intellectuelle, mais elle en est un *effet*, comme la presse ou la culture de masse modernes qui sont travaillées par la rupture de la modernité mais qui ne la travaillent pas.

Il est délicat de dénoncer les modes mimétiques qui règlent les rapports critiques à *La barre*, puisque pour notre modernité, y compris pour celle qui compose cet article-ci, il n'existe pas de position théorique sûre du sujet à l'extérieur de son objet. Reproduire l'objet pour le déconstruire, en quoi cela diffère-t-il de la «lecture-miroir»? Après tout, la contagion entre théorie et fiction est une découverte moderne. Et une pratique moderne. La différence tient à ceci qu'il n'est pas possible d'imiter un objet pour le déconstruire sans d'abord le reconnaître en soi, et que cette reconnaissance est impossible lorsqu'on ne dispose plus de la distance entre soi et soi. N'empêche que cette confusion bien de chez-nous, entre la lecture déconstructrice et la lecture-miroir, ne se laisse pas facilement démêler. Et on en verra d'autres.

LA PETITE NOIRCEUR

Qui dira combien de fois on a formulé le génie moderne à *La barre du jour*? «Écrire l'activité du sujet de l'écriture», «la nouvelle écriture parle le texte dans le texte». Pourtant, quelques éléments sont venus déterminer dans cette revue le soi-disant libre jeu de la promiscuité moderne entre l'écriture et sa théorie.

Le premier élément fut la «jeunesse», son autorité nouvelle depuis les années 1960; le second, l'héritage québécois. Est-ce jeunesse amnésique, déclarer «nouvelle» une écriture qui «parle le texte dans le texte»? Est-ce présomption québécoise, annoncer que l'on s'apprête à faire «un art nouveau, original et spécifique appuyé sur une réflexion, une critique et une pensée cohérente et rigoureuse qui, contrairement à ce qui s'est toujours fait, se manifesterait vertement tant au niveau de ses textes de création qu'au niveau de ses critiques» (M. Saint-Pierre, 1969)?

Pour en arriver là, il a d'abord fallu oublier les textes français auxquels on emprunte justement cette prétention d'être sans précédent. Et leur emprunter aussi leur propre oubli ou ignorance des prédécesseurs français ou allemands, comme ces romantiques qui déjà, en 1798, dans une revue d'avant-garde, écrivaient de l'œuvre moderne que «c'est son essence propre de ne pouvoir qu'éternellement devenir et jamais s'accomplir»; que «critique» est la qualité d'une écriture qui «présente avec le produit l'élément producteur»; que la poésie «devrait dans chacune de ses présentations se présenter aussi elle-même, et être partout à la fois poésie et poésie de la poésie»*.

Comment *La barre du jour* a-t-elle pu acquérir une telle autorité sur la scène culturelle de notre pays? Le mimétisme ébloui définit-il le génie de la seule *Barre*, ou ne concerne-t-il pas en général l'origine de nos institutions littéraires? Et moi-même, d'où est-ce que je parle, pour l'oser sur ce ton?

---

* Lacoue-Labarthe et Nancy, *L'absolu littéraire*, p. 116 et 132.

L'autorité de la jeunesse

Quelle époque, mes amis! Une époque pour nos génies, partout, oui. Et quelle foule, ô mes génies! De notre nombre la rumeur éblouissait le jour. Et notre «oui», submergeant, océanique, aurait-il pu s'examiner lui-même? Sa force l'entraînait, chaque jour un nouvel obstacle lui cédait, chaque désir vainqueur dépassait le précédent, comme la vague succombe à la vague. Avant-garde non seulement des arts, mais de l'humain entier, nos décrets amoureux déferlaient sur le monde au rythme de notre musique très solide. Oui, comment cet immense et puissant oui aurait-il pu pécher contre lui-même, douter de sa cadence, s'affaiblir d'un soupçon? Prouver, examiner, démontrer — cela avait été dépassé avec la première victoire de notre jeunesse!

L'ambition était si haute, si violente la soif, rien d'achevé ne pouvait convenir, pas même le désir satisfait. Les jeunes gens portaient leur sexe comme un rameau flambant de l'Arbre de la Connaissance. Chaque jour les jeunes femmes, jamais trop jeunes pour faire femmes, inventaient une nouvelle manière de dire oui.

Une époque où l'affirmation sans borne excellait surtout aux refus globaux. Rien de sûr comme ces refus. Et l'amour imitait le contraire de la guerre.

Une époque où l'on a rêvé que la lutte et le rêve seraient des arts communicants. Non, jamais on n'avait connu un âge humain plus amoureux du contraire des choses fixées, plus vigoureux contre les malédictions ancestrales, plus convaincu d'un devoir d'*hybris*. On était toutes les formes sans contenu, on se croyait d'infinis contenus libérés des formes. Oui, comment aurait-il pu s'examiner de loin, d'ailleurs, ou depuis un autre âge, ce sentiment de vivre la première époque, le premier vrai début d'un temps nouveau?

> *J'ai connu il y a vingt ans un temps d'effervescence et de prophétisme, beaucoup de lueurs ont surgi qui tâchaient d'éblouir. Les esprits en révolution étaient les uns ivres, d'autres serrant les dents, rêvant de cataclysmes, et d'autres parlaient, s'enivraient de parler. Comme en toutes les choses humaines [mais un peu plus sans doute] la comédie, l'affectation, les paroles au-delà des sentiments et les sentiments à demi faux [littéraires] donnaient à l'ensemble un halo de supercherie. Je pensais: je ne crois pas à tant de mots que j'entends, je comprends mal comment... mais je partageais une croyance profonde. Indépendamment de ce que j'entendais, je pensais qu'il existait en nous une force intime exigeant je ne sais quoi [non personne ne sait quoi] mais exigeant avec folie...*

Ainsi écrivait Georges Bataille, en 1941, dans *L'expérience intérieure*. Et on pourrait remonter de génération de beatniks en générations surréalistes, des Communards aux Quarante-huitards, des Symbolistes aux Romantiques, des Jeune-France à tous ceux du XVIIIe, philosophes, Sturmer, sans-culottes — d'ailleurs pas exactement de jeunesse en jeunesse, mais plutôt de nouveaux en nouveaux. Tantôt politique, tantôt symbolique, souvent les deux, l'autorité de la jeunesse se sent, elle n'en peut plus d'attendre, de tolérer! Serait-ce l'époque moderne, ce sentiment de pécher si l'on retient sa vie de dicter la loi?

Notre jeunesse à nous, comme de raison, était tout à fait différente de toutes ces anciennes vagues de jeunesse moderne. Quel besoin, d'ailleurs, de connaître ce passé? Rien de comparable, nous. Puisque cela allait changer. Il n'est plus du tout possible aujourd'hui d'exprimer à quel point cela allait changer. Le concept de notre jeunesse s'est perdu avec notre corps de jeunesse. Rien de moins (mais exprimer cela ne rappelle pas le concept): nous découvrions en nous avec ivresse la première génération humaine libérée du péché originel. Cette conception s'est retirée dans le temps comme le sang après l'amour, vers les organes utiles.

Pouvions-nous en dire, des vérités! Et les entendre nous répondre, toutes les vérités! Plus personne, je veux dire plus personne qui compte, pour exiger des prophètes leurs cartes de compétence, les sommer de prouver en raison leurs visions. Tout l'avant étant dépassé, chacun pouvait se dire le premier à avoir eu chacune de ses idées.

J'aime le souvenir de cette époque. Même si l'on a su ses témérités, comment renier le temps où la vigueur de la jeunesse se nourrissait d'elle-même et n'en revenait pas de sa propre force?

Et maintenant — cela m'aurait révolté alors — on va sommer en raison l'autorité prise chez nous par des jeunes dans l'exercice de leur jeunesse. Rompre la connivence, soupçonner l'illusion derrière le triomphe — là où j'aurais vu de la «folie», au sens mélioratif du terme. Et d'abord descendre des hauteurs mi-lyriques où j'ai refait connaissance avec mon sujet, prendre parti pour un jour assez sec. La citation de Bataille déjà rompait ma lyre. Maintenant, il faut aggraver l'irritation analytique.

Vous connaissez ces petits livres tentants de *La nouvelle barre du jour*. On en mangerait. La lecture en a tout de suite envie, comme si elle pressentait, sous ces couvertures, sa fête. Et vous avez connu souvent, en développant le bonbon, la déception de ne trouver qu'une paresse travestie en énigme. Évidemment, il faut ici adopter une marche moderne: entendons aussi paresse au sens actif de ce qui précipite la fin, donc au double sens de ce qui refoule la pensée et de ce qui ne peut dissimuler sa hâte de signer. Alors on peut encore dire paresse comme ce qui qualifie un mode masculin (mais pas viril, pas généreux, pas noble) du don de la semence, celui qu'on dit «précoce» devant la perspective épuisante du travail — mais qui n'a jamais empêché de devenir père. On signe, on se retire dans les organes utiles, et on attend, dans le miroir, que le ventre-lecteur travaille.

Un premier jet qui est presque le dernier, cela ne peut guère donner qu'une énigme. Il faut que le lecteur développe tout seul le pauvre germe. L'auteur l'imagine, comme s'il l'avait fait lui-même, le travail du lecteur. Il a signé.

On n'en a pas idée, du corps, dans ces conditions. On peut bien parler tout le temps du corps du texte, on ne sait pas de quoi on parle, le lecteur seulement le saura, s'il prête son corps, et quel travail! Est-ce un corps, cette barre qui bouscule la pensée et l'empêche d'y mettre le temps. Dans un corps, la pensée développe très lentement son protocole de recherche, et lentement aussi se forme le texte s'il désire prendre au sérieux un lecteur qui soit un autre. L'auto-érotisme signe précoce.

Pierre Nepveu écrit que «le texte moderne, version BJ, ne peut conserver sa force transgressive et négatrice qu'en régissant à l'avance son lecteur». Il ajoute: «Le texte ne déroute son lecteur que pour mieux le maîtriser, pour le forcer à bien lire, et il se lit lui-même de peur qu'on ne le lise ailleurs ou autrement.» *La barre* conçoit donc sa lecture selon une double logique contradictoire. La lecture est subvertie, infiniment libre: «À notre projet donc, point de conclusion sinon les vôtres» (N. Brossard, 1973). Mais cette liberté se trouve devant un objet écrit infiniment mobile, qui veut maîtriser, dit Nepveu, et qui dans ce but «déroute», ne se laisse pas assigner une identité, se dérobe à la reconnaissance. J'ai écrit: une paresse travestie en énigme. Le terme articulatoire est le plus important. Quand on croit le tenir, le travesti se dérobe, «ailleurs», «autrement», et laisse son lecteur ébloui. Si l'on pouvait déplier toute la logique de ce travestissement maîtrisant, et l'articuler à une problématique des rapports entre écriture et mystique*, on verrait ce qui distingue le texte moderne

---

* Dans une émission diffusée à CBF-FM, l'historien Michel de Certeau disait: «Cette perte de l'extase mystique dans l'écriture, ce retour à la vie commune et aussi à l'anonymat par l'écriture, c'est lié à une prise au sérieux de l'autre, de telle manière que finalement c'est la même chose d'écrire pour quelqu'un que de croire en Dieu. [...] Eh

BJ de textes comme ceux de Genet ou du Rimbaud de *Vierge folle*, qui réussissent l'impossible en composant l'infini mystique à l'abîme travesti. Les grands auteurs modernes travaillent leur propre maîtrise de la langue classique, et parfois même la détruisent, pour jouer les mystères de la vie. Mais qui ne maîtrise pas la langue classique ne peut qu'imiter son contraire.

Quand on remonte dans l'histoire de *La barre*, on a l'impression que certains ont cru qu'il suffisait d'adopter le parti d'une école de pensée pour «en être», pour maîtriser cette pensée. En 1971 François Charron et Roger DesRoches annoncent: «Écrire non plus pour un lecteur, mais pour une lecture qui désaxe le phénomène habituel: l'identification au texte.» Bien, le lecteur devra s'écarter en lui-même, se refendre et se perdre/gagner dans cette dérive moderne. L'embêtant, c'est que cette prescription intitulée *Déconstruire la poésie* offre tous les traits d'une récente conversion, c'est-à-dire d'une identification des auteurs à un autre texte. Sans présumer du savoir de nos deux auteurs aujourd'hui, on peut se demander (cette question, je l'adresse aussi bien à celui que j'étais à cette époque de ma conversion à la modernité): est-ce que l'identification à un texte qui prescrit la non-identification au texte ne compromet pas la modernité du projet? Sait-on bien comment fonctionne «l'identification au texte», au sens où l'entendent les théoriciens parisiens auxquels on emprunte cette bonne idée? A-t-on étudié son «stade du miroir»? Maîtrisé les logiques retorses des identités hystériques? Compris un

bien, je pense qu'écrire, c'est aussi croire qu'il y a de l'autre et que finalement d'autres en savent autant, et que leurs lectures, comme le dit explicitement Jean de la Croix ou Thérèse d'Avila, feront, en lisant cela, beaucoup mieux que ce qu'en fait l'auteur lui-même.» On peut se demander si parmi les œuvres modernes, toutes tournées vers le travail du lecteur, on ne pourrait pas distinguer trois catégories: les mystiques, les mystiques travestis et les travestis... Ce qu'il faudrait démontrer. L'identification de l'auteur à soi-lecteur ferme l'abîme. Le texte semble multiplier les entrées pour le lecteur: leur nombre même livre, inarticulable, le texte à son seul amour-propre.

peu la place du signifiant transcendantal et de la psychose — en rapport avec les économies classique et moderne du sens? Réfléchi à ce que signifie pour une théorie du texte la conception marxiste de l'histoire comme procès sans sujet? Il est vrai que nos auteurs s'expriment à l'infinitif, qui est le mode caractéristique du fantasme; le projet est à réaliser, le savoir viendra à la longue. Si le travail se fait.

C'est là que *La barre* blesse. Parce qu'il s'identifie d'abord à soi et que le plaisir auto-érotique éblouit sa propre lecture, l'auteur BJ fonctionne par des prises d'identité qui sont des prises d'autorité. Quand le soi tient lieu d'autre, l'autre se trouve vite à portée de soi. Et encore plus facilement s'il paraît fournir une caution théorique à l'opération, comme ce peut être le cas pour les auteurs de la modernité française. Leur «subversion» peut être comprise de travers.

De travers, mais pas n'importe comment. L'éblouissement BJ (prise d'identité/flash/prise d'autorité) ne fonctionne pas au hasard, il ne court-circuite pas n'importe quelle partie du travail intellectuel dans un domaine donné. La méconnaissance théorique qui en résulte inscrira ensuite ses effets comme des actes manqués ou comme des lapsus (on mentionnera quelques exemples).

Ainsi, dans l'*entre* moderne, entre faire et faire semblant, il y a une grosse ressemblance — très déroutante pour nos esprits qui avaient cru au salut moderne du Québec. Cela complique la tâche de nous penser, la Grande noirceur et après... quelle sortie, quel jour? Il faudrait pouvoir articuler la différence entre faire et faire semblant, trouver l'exacte différence entre les deux. Cela reviendrait à distinguer la modernité des effets de modernité. Il faudrait des moyens autrement plus puissants que les miens pour démêler ça. Revenons à *La barre du jour.*

Dès le commencement, et sans doute avant, on manifeste dans ses «politiques éditoriales» un double mimétisme: le mimétisme des sources françaises et le mimétisme du contraire. Pas seulement du contraire des sources, mais du contraire en soi, si l'on peut dire. Cette idée m'est venue d'un aphorisme de Lichtenberg: «Faire exactement le contraire s'appelle aussi imiter, c'est même expressément imiter le contraire.» On peut évidemment remarquer qu'en bien des cas, ce qui est emprunté aux sources françaises, c'est justement le mimétisme du contraire.

On ne pourrait guère imaginer de plus parfait exemple de mimétisme du contraire que ce texte où Marcel Saint-Pierre annonce «la création d'une littérature et d'une critique originale, spécifique à un groupe, et dont les exigences premières seraient, par exemple, de ne pas..., mais au contraire de...» (1969). Remplir les blancs selon les besoins. Les points de suspension inscrivent une affirmation oppositionnelle indépendante de tout contenu. Dans ces conditions, les fracassantes déclarations révolutionnaires de la revue à ses débuts gardent un air de révolte sans projet, adolescente, au bon sens du terme:

> *Et cette littérature, ou cet engagement qui n'est que pleine conscience, ne peut que servir, un jour, de quelque façon, la révolution. [...] L'homme ruine inlassablement le monde et la recherche formelle, elle aussi, ruine la convention du monde. En ce sens, elle est révolutionnaire. [...] La littérature pousse là où elle peut, mais elle pousse toujours, à la fois, contre quelque chose qui est et pour ce qui n'est pas [encore]. Il est donc temps que nos écrivains et nos projets lancent réellement leurs cailloux. L'eau-de-rose, c'est fini... Les petites fleurs aussi. Il ne nous reste plus que les mots qui cognent dur. Les mots à faire.* (Collectif, 1967)

> *Une littérature spécifiquement révolutionnaire a vu le jour et des Québécois comme Vallières et Bergeron ont, de même que des publications de plus en plus nombreuses (CSN et autres organismes politiques), présenté logiquement les raisons de notre volonté de repossession (nous vaincrons).* (M. Saint-Pierre, 1969)

Quel est le sens de ce «(nous vaincrons)»? Entre ces parenthèses, on dirait une espèce de «t'sé veux dire» de la connivence politique, une citation culturelle, non politique. En réalité, c'est bien une citation de la culture révolutionnaire de cette époque, la traduction du *venceremos* des guerillas latino-américaines, bien réelles celles-là. Andy Warhol l'a peint, le «Che» Guevara, et Mao aussi, mais nous ne sentions pas dans ces posters l'ironie décadentiste, ces images s'entendaient bien avec nos convictions de lutte armée. Je me demande si les gens du F.L.Q. ont pensé à ça. Ou si Trudeau y a pensé, quand il s'est mis, avec ses mesures de guerre, à imiter le contraire de la révolution.

L'attitude «révolutionnaire» dresse aussi *La barre* à ses débuts contre le Canada français de la grande noirceur, «cette ère de bêtise, d'ignorance et de totalitarisme». Les ennemis, ce sont les lâches de l'intérieur, les soumis qui prêchent la soumission, responsables par exemple de «la frustration et de l'impuissance» où fut réduit un Saint-Denys Garneau. «Encore aujourd'hui certains font tache de graisse sur les aspirations saines et légitimes de notre collectivité.» (N. Brossard, 1969) C'est donc un devoir de profiter de «l'inévitable situation de lucidité dans laquelle nous plonge notre milieu» (Saint-Pierre, 1965). *La barre du jour* arrive en effet «à l'heure urgente où les écrivains québécois mettent fin à de vieilles spéculations sur la littérature, pour entrer dans l'ère de son établissement» (*Id.*, 1966). Le nouveau chasse le vieux, il était temps. Mais comme disait Rimbaud: «Libre aux nouveaux d'exécrer les ancêtres: on est chez soi et l'on a le temps.» (*Lettres du voyant*) Pour ce qui est d'avoir le temps, je suis moins sûr. Comme toutes les avant-gardes, *La barre* est pressée, la situation est bouillante, ça urge. Mais chez soi, alors oui, on y est, et il s'agit même de se le renforcer. Car il y a la française, de littérature, qui usurpe la première place dans la maison, qui empêche la québécoise d'être maîtresse chez elle, qui empêche donc la révolution et maintient la noirceur. Notre «littérature peut seule donner aux Québécois leurs véritables racines et leur identité». Son problème, c'est qu'elle manque de «public — ce potentiel d'écoute que nécessite une littérature». Il devient donc «nécessaire de former de nouveaux lecteurs» (Saint-Pierre, 1966). La formation du lecteur est une préoccupation ancienne, on pourrait même dire fondatrice à *La barre du jour*. Qui commence par une incitation à lire-québécois-d'abord. On ne remarque cependant pas de sectarisme:

> *Nous n'entendons pas bannir l'étude des auteurs français, mais seulement les situer où ils se doivent d'être; c'est-à-dire situés en tant que représentants d'une littérature d'importation d'où nous ne pouvons tirer notre véritable identité.* (Saint-Pierre, 1966)
>
> La barre du jour *est une revue exclusivement québécoise** [...] *parce qu'elle s'inscrit dans un contexte québécois, lequel est le résultat non seulement des tendances typiquement québécoises* [...] *mais aussi des tendances environnantes (européennes, de moins en moins; américaines, de plus en plus).* (Saint-Pierre, 1969)

Pas de sectarisme, mais un étrange nationalisme à l'usage des lecteurs. Car le paradoxe vers lequel on se dirige, la contradiction qui divise le sens de *La barre* dès sa fondation, c'est que la prescription de lecture des œuvres de fiction québécoises s'accompagne de la plus importante reconnaissance théorique jamais accordée par des écrivains d'ici à ce qu'on pourrait appeler un «courant d'idées» français. La tête en France, les pieds au Québec: on écrit avec. C'est un euphémisme d'affirmer qu'à cet instant

---

* Pas de doute, *La barre du jour* est aussi québécoise que le stade olympique. On pourrait établir une analogie avec ce que N. Petrowski écrivait dans *Le Devoir* (23 mars 1985) du spectacle de Michel Lemieux à New York: «Car aussi international et post-moderne qu'il puisse paraître à Montréal, Michel Lemieux était redevenu étrangement québécois à New York. Même entouré de ses gadgets sans frontières, même dans l'exil électronique et le deuil de la francophonie, Michel Lemieux restait un Québécois pur plomb.» Il suffit aussi de lire quelques pages d'un auteur de *La barre* à Paris pour redécouvrir ses racines très québécoises.

«historique» de «l'établissement de la littérature québécoise», les idées parisiennes dominent *La barre:* référence, modèle, schème, matrice, Paris dicte à distance la pensée d'ici — son désir de penser comme... On a vu d'où tombait le mot d'ordre de Charron et DesRoches pour une lecture «désaxée». Roger Soublière, toujours en 1971, déclare en interview:

> *Nous avons fondé* La barre du jour *dans un but bien précis: non pas de publier n'importe quel écrit de qualité, mais de diriger les efforts d'une équipe en vue de définir une politique littéraire. Un peu comme ces revues européennes connues pour leur politique; sans tomber évidemment dans les excès de* Tel quel.

Comme si l'on avait eu les moyens de cette chute-là. Tout tient à cet «un peu comme...» qui signale à la fois le modèle et l'insuffisance des moyens.

Nicole Brossard évoque la formation des premières équipes, leur «sensibilité formée pour une bonne part par la lecture d'un certain nombre d'auteurs français, comme Joe Bousquet, Jean Cayrol, Blanchot, Louis-René des Forêts et évidemment le nouveau roman». Elle ne mentionne pas les théoriciens, peut-être parce que leur influence s'est fait sentir plus tard. France Théoret parle en effet de «toute cette influence de *Tel quel*» mais remonte aussi plus haut:

> *Saint-Pierre était fou du surréalisme en 1964 et il nous faisait lire Max Jacob [...] et Breton [...] puis on était arrivé [...] à Artaud. En 1966-1967, on discutait beaucoup, chez les Français, les romans de Sollers [...], Foucault [...], Derrida.*

Michel Gay:

> *Dès le milieu des années 1960, je m'intéresse au courant issu du symbolisme, du surréalisme (Breton, Crevel mais aussi Gracq et combien d'autres) et du post-surréalisme*

avec les livres des éditions du Soleil noir, avec Alain Jouffroy, avec les auteurs du Manifeste électrique et du Manifeste froid.

La modernité pré-telquellienne importe donc aussi beaucoup au départ, d'autant que, pour plusieurs, cette filiation se reconnaît d'importants antécédents québécois (Claude Gauvreau, surtout). On verra plus tard cette étonnante survivance chez nous de l'inarticulation surréaliste se marier parfaitement à la contre-culture pour neutraliser, à toutes fins théoriques, l'influence de *Tel quel*.

À une question sur le passage de *La barre* aux préoccupations «d'expérimentation dans l'écriture», Jean-Yves Collette répond: «Je dirais qu'en grande partie cela est dû à l'influence de Nicole, Nicole qui a peut-être été celle qui avait le mieux assimilé les théories européennes, françaises en particulier.» On reparlera de cette «assimilation». Venons-en pour le moment à un événement de symbiose fusionnelle bien susceptible d'en avoir créé l'illusion.

Hélène Cixous donnera deux séminaires à l'Université de Montréal (hiver 1973, automne 1974). Ces séminaires seront importants pour Madeleine Gagnon, Philippe Haeck, Hughes Corriveau, Normand de Bellefeuille et pour moi, ceci mise à part ma réserve à l'égard du discours psychanalytique. (Brossard)

En 1973, il y a eu Jean Cohen et, surtout, Hélène Cixous. Après quatre années d'université elle a été un grand moment, une découverte extraordinaire: on travaillait Freud, Bataille, la modernité. (L. Guèvremont)

Nous pourrions dire que nous sommes né(e)s de Cixous. C'est elle qui m'a rendu vraiment conscient de la modernité, qui m'y a ouvert avec passion. Tant par ses livres que par ses séminaires. (H. Corriveau)

Signalons que plusieurs commentaires porteront sur des

> œuvres d'Hélène Cixous, qui, venue enseigner à l'Université de Montréal à deux reprises, a eu beaucoup d'influence sur la génération de la BJ/NBJ. (L. Dupré)

> J'ai évoqué comment certains d'entre nous avions été subjugués et aussi nouvellement questionnés et informés par l'enseignement d'une Hélène Cixous. (C. Malenfant)

Alors là, c'est intéressant pour moi parce que j'y étais, à ces séminaires. Je me souviens d'avoir confié à Nicole Brossard que j'étais tout de suite tombé amoureux de la prof, et de m'être fait répondre que cela n'avait rien d'original, que tout le monde était comme moi dans la classe. Oui, la passion nous a saisis. On s'est mis à penser comme elle, à parler comme elle, à écrire comme elle, à vouloir être elle. Juste après le séminaire de l'hiver 1973, *La barre du jour* a sorti son numéro *Onze analyses*, avec une préface de Nicole: *Vague de précision*, dont on dirait qu'il s'agit d'un pastiche du séminaire. Jusqu'à certains jeux de mots, que je me rappelle bien, comme celui sur «délire», c'est un pur décalque: la «lecture décapitante», la «tête thématique», «l'incision», la «rature» et tout le «stylet» pénétrant. Mais c'est signé N.B./LA BARRE DU JOUR. Le numéro suivant s'appelle *Transgression*, une autre de nos découvertes sensationnelles du séminaire FRA 6805.

Je ne critique pas l'emprunt en soi, on le comprendra. Qui n'est «né» d'une grande rencontre? Mais le mimétisme, la prise d'identité qui devient prise d'autorité, ce n'est pas grandir, devenir, faire, mais faire semblant. À force de faire semblant, il n'est pas interdit de penser qu'on arrivera à faire, mais à condition de savoir que la route est longue et qu'il ne suffit pas d'être ébloui par une pensée pour la maîtriser — et signer. Comment pouvons-nous sortir d'un cours d'Hélène Cixous sur la dialectique hegelienne avec des yeux brillants, des yeux *stoned*?

Aux époques antérieures, quand nous regardions vers la France, c'était avec le sentiment d'une grandeur presque hors d'atteinte. On savait qu'il fallait des années, plusieurs vies composées pour faire un Proust ou un Bernanos. Alors que maintenant, on devient instantanément «un moderne». Il faudrait dresser une anthologie des incompréhensions bien de chez nous qui s'autorisent de la critique moderne du savoir logocentrique pour justifier l'ignorance, ou de la déconstruction des valeurs liées au clivage métaphysique pour dénier toutes les valeurs. Cette assiette québécoise ne connaît jamais la «crainte de Dieu» intellectuelle et dispose d'une incroyable présomption de camaraderie à l'égard des maîtres, d'une aisance en présence de la grandeur qui lui eût permis de tutoyer Mallarmé ou Claudel en quelque sorte sans s'en douter. Bien des auteurs québécois évoquent pour moi «celui qui n'a pas encore clairement vu que, très en dehors de sa propre sphère, il pourrait exister une grandeur dont il n'aurait aucunement le sens...» (F. Schlegel) C'est en ce point que l'analyse de la modernité québécoise croise celle de la «contre-culture», avant de rejoindre, plus loin, celle du féminisme.

La «modernité» contre la culture

Car si ces modernes «manquent» la déconstruction et remplacent tous les concepts théoriques de la modernité par un arbitraire sans qualifications, la cause doit en être recherchée dans le fait que les jeunes écrivains qui suivaient les cours d'Hélène Cixous et dévoraient *Tel quel* appartenaient déjà à une époque de «contre-culture», comme on dit. L'influence prépondérante de la contre-culture a donné sa tonalité narcissique — flash! — à la modernité parisienne ici transplantée. Cette tonalité contre-culturelle, en effet, a maintenu la modernité isolée de son essentielle partie philosophique.

En France, la modernité dada, surréaliste et compagnie s'était développée en ignorant elle aussi (à l'exception de Breton, qui avait pris conscience de l'importance de Hegel) les sources philosophiques de la modernité.

Demeurée «artistique» et «littéraire», cette modernité s'était souvent limitée à des fantaisies libres et à des transgressions de collégien, impuissante à mesurer réellement sa propre nouveauté, parce qu'elle ne portait plus que comme d'indéchiffrables stigmates les traces de ses origines dans la crise du Sujet précipitée par Kant et dans sa relève romantique à partir de l'esthétique transcendantale. Cette remarque s'applique aussi à la «vie moderne» en général, à ses styles et à ses modes dans tous les domaines, d'ailleurs issus pour une bonne part de cette agitation parisienne du début de notre siècle. Les images plastiques et sonores au milieu desquelles se joue notre vie moderne sont des effets de la même rupture, celle que symbolisent les arts et la littérature modernes. Ces images sont très capables de refléter la crise destructrice-libératrice de leurs origines, mais comme les œuvres artistiques modernes, elles l'occultent en la représentant, empêchent qu'elle ne soit pensée tout en l'indiquant.

À son tour, la «contre-culture» peut être regardée comme un effet de la rupture moderne: à partir d'une formation esthétique, elle réhabilite le Sujet comme totalité organique et arbitraire. Mais comme telle, et de la même manière que la culture de masse (qu'elle est d'ailleurs venue renouveler), la contre-culture dissimule la rupture moderne. On pourrait dire qu'elle la soigne. Pour cette raison, elle entre en contradiction radicale avec la «modernité», au sens que portait ce mot en France pendant les années 1960 et 1970.

> *Prenons l'équipe de la BJ, il y a trois ou quatre ans, ils étaient d'inspiration très française, mais à un moment donné y ont compris que le mouvement* Tel quel, *tout ça, c'est peut-être pas la fin du monde. Qu'est-ce qu'y font maintenant, y font* Tel quel *aussi, mais avec une inspiration franchement californienne.* (V.-L. Beaulieu, 1973)

Le vent californien, il soufflait depuis les débuts sur

La barre du jour, avec une intensité variable. Un hybride de *Tel quel* et de «Californie», c'est fragile. Les tensions internes d'une telle créature menacent continuellement de l'entraîner dans un sens ou dans l'autre. Peut-on se la représenter? Ce n'est pas très clair. Peut-être cette perte de la clarté forme-t-elle l'hybride même? Voyez comme la raison moderne prend sa débarque, quand le joint emporte le raisonnement. Je souligne:

> [...] *le mot table est moindre par rapport à table tamtam. Les mots conjoints s'interpénètrent l'un l'autre et prennent une seule signification qui est spécifiée par les conjoints. Les mots peuvent se multiplier par les joints. Ils portent en eux des charges explosives parce qu'ils sont poly-formes, poly-son, poly-signifiants.* (F. Théoret, 1967)

Le joint fait briller les yeux et rougir de chaleur la charge signifiante. Mais la maîtrise diminue d'autant, au point que la contradiction théorique entre «une seule signification» et «poly-signifiants» est oubliée. Mais fuck-off, who cares? L'herbe contre-culturelle, le LSD surconscient, ça fait comprendre vite la modernité — littéraire, philosophique, psychanalytique, anthropologique, linguistique, you name it... Imaginer c'est découvrir, prononcer c'est démontrer. À *La barre*, comme en plusieurs lieux québécois, cet oubli ébloui de la France, cette nouvelle autorité s'appelle aussi «Amérique». Dès 1969, pour Marcel Saint-Pierre:

> [...] *parler de l'Amérique n'est qu'une nouvelle façon de nommer l'ensemble des possibilités nouvelles offertes par des groupes de recherches comme celui des formalistes, par des individus comme Marcuse, McLuhan, Asimov, Krishnamurti, Wolfe, ou des groupes comme les Beatles, les Who, les Rolling Stones, les Pink Floyd, les Jefferson Airplane...*

LA PETITE NOIRCEUR

Tout est dans tout, et inversement. Entre les formalistes et les Stones, pas de problèmes, on se tutoie. Et l'Amérique est le nom du milieu mou de cette promiscuité, du renversement des orbites vers «l'intérieur», par quoi le sujet s'évade des contraintes du code vers l'arbitraire d'un imaginaire singulier.

Le prix du passage, cependant, est élevé. L'intelligence théorique se perd, et même l'intelligence des textes. Dans une lecture de «promiscuité», une lecture-miroir, Rimbaud ou Lautréamont ou Nelligan se transforment en rockers (cf. le chanteur comique Lucien Francœur). Or la filiation de Rimbaud en fait de musique ne se trouve pas chez les Stones mais du côté de Stockhausen ou de Xenakis, des musiques pas faciles et fortement pensées. Si cela échappe, c'est que la modernité même de Rimbaud échappe.

Et la modernité de *La barre*, il faut bien la qualifier d'imaginaire, en fin de compte. «Corps, sexes et textes étaient nos petits fétiches», déclare Nicole Brossard (un énoncé dont le statut critique n'est pas évident). Pierre Nepveu écrit: «Le mot moderne devient davantage un mot magique, un pathos aiguillonnant le sujet-écrivant, qu'une catégorie critique et opératoire.» Les signes vedettes de la modernité sont bien là, en effet, mais comme des cellules nerveuses qu'on aurait amputées de leurs synapses et qui ne pourraient plus établir de liaisons. Le potentiel articulatoire est perdu. Et sans la capacité d'articuler, quelle pensée? Flash: «Le mot texte serait une façon d'accéder à la modernité comme état d'esprit, comme pratique également.» (C. Beausoleil) Cette déclaration ressemble à la remarque précédente de Nepveu, mais il ne faut pas les confondre: Beausoleil, lui, trouve ça bien. France Théoret le dit tout net: «Le fantasme de la BJ, c'est la théorie.» Il faut comprendre que la théorie y a fonctionné comme l'insaisissable signifiant du désir d'écrire, comme l'horizon jamais atteint du plaisir d'écrire. Les signifiants de la modernité: déconstruction, indécidable, sur-moi, inconscient, imaginaire, symbolique, réel, rêve, fantasme, etc. zigzaguent dans les textes comme des soucoupes volantes. Subversions du sujet et auto-engendrement textuel y sont des objets flashants pas trop identifiés, que leur valeur éblouissante a isolés, et irisés, comme les objets du désir, ou ce qui en tient lieu dans un cadre de fausseté travestie, des «fétiches», comme l'avoue Nicole Brossard (le fétiche, Freud l'a montré, tient la place du pénis qui, pour le fétichiste, ne manque pas à la mère).

    La différence entre le sens français et le sens québécois-BJ de tel ou tel signe de la modernité ne s'explique pas par une évolution à force d'usage dans un contexte différent. Et ceci se voit surtout au fait que la différence de sens par rapport au sens parisien diffère d'un auteur de *La barre* à un autre. Si la différence varie au-delà d'un certain point (puisque même à Paris les sens jouent), la valeur articulatoire est perdue. En termes lacaniens, on pourrait dire que les valeurs «théoriques» glissent à *La barre* du registre du Symbolique à celui de l'Imaginaire. C'est justement le cas d'ailleurs pour le mot «imaginaire». Croyez-vous que la modernité BJ se soucie de penser laborieusement «imaginaire» avec Bachelard, avec Sartre ou avec Lacan? Elle s'autorise à le définir contre tout le monde: «C'est à l'ensemble des signes formant un tableau aux contours délimités que se réfère le mot imaginaire.» (Beausoleil) Celle qui avait «le mieux assimilé» les théories françaises est aussi celle qui a le plus péché dans le genre. Nicole Brossard s'est en effet dotée d'une quantité de locutions détournées de la modernité, soi-disant théoriques mais théoriquement inutilisables, sans valeur articulatoire.

    J'ai déjà avancé la proposition que la confusion des concepts ne se produit pas au hasard, mais subit au contraire une forte détermination régionale. Par exemple, une des incompréhensions théoriques les plus courantes à *La barre* porte sur la subversion du sujet, systématiquement confondue avec la «lutte contre le moi» («discrétion du sujet», N. de Bellefeuille, 1982). Or cette méprise porte l'empreinte du vieux complexe d'infériorité canadien-français. Une vieille tendance à se faire petit se trouve ainsi réactivée par un détour inattendu.

Régionaux aussi, le travestissement et le fétichisme pour voiler l'impuissance. Par exemple, celui qui comme moi vient relever la pauvreté théorique de ces «autorités» littéraires doit s'attendre à ce qu'on lui éclate de rire au nez. Car il est certain que je les prends bien plus au sérieux qu'eux-mêmes ne se prennent au sérieux, et qu'ils ne se trouvent pas là où je m'avance pour les saisir. Un petit saut, un éclat de rire, ils sont «ailleurs», et ils me considèrent forcément de cette manière imprenable dont, selon Nietzsche, la femme regarde le philosophe qui tente de la systématiser. À *La barre*, le rapport à la maîtrise des opérations théoriques a été réservé, mis entre guillemets. Opérateurs/trices ne peuvent par conséquent être pris/es. Dans la guimauve de leurs jeux théoriques, pas un/e ne court le risque d'être pris/e manquant à sa place. Le jeu de la déception («attrape-moi si tu peux, je ne serai jamais celui que tu crois») se joue aussi *intra muros*. Entre les «homélies de *Liberté*» et les efforts théoriques du «très sérieux professeur Corriveau» parlant «très sérieusement de la très sérieuse modernité (*rires*)», Michel Gay ne fait pas tellement la différence. Il ne veut pas qu'on la lui saisisse, sa modernité. C'est entendu: il sera toujours ailleurs. Cela donne un discours qu'on aurait cru impossible de la part d'une revue aussi théoriciste (mais qui s'explique par la contre-culture et «l'Amérique»): «Nous, la modernité, il y a juste ça qui nous intéresse, mais on ne sent pas le besoin de mettre du discours derrière.» L'important, «c'est les avancées, pas nécessairement le discours, répétitif et ennuyant, qui essaie de fixer ça, d'épingler ça, d'entomologiser ça» (M. Gay). L'impasse contre-culturelle, à la fin, retourne *La barre du jour* contre la théorie, la réduit à un terrain de jeux, à un défilé d'«effets spéciaux».

Ce qui fait que tel livre, d'un auteur qu'on ne connaît pas

> *du tout, nous surprend et nous intéresse, c'est que ça ne correspond pas du tout à ce qu'on a déjà lu. On ne peut donc pas définir a priori les critères. Les critères apparaissent dans ce nouveau texte.* (M. Gay)

Ainsi donc la nouveauté demeure l'ultime caractère de cette modernité. La nouveauté, et le nombre*. Le concept théorique à *La barre* s'est perdu, le lien vivant au débat sur la vie des formes, à force de se caresser lui-même, s'est évanoui. La presse moderne (dans les deux sens) s'est substituée à l'ardeur chercheuse des débuts.

> *C'est difficile de faire retravailler les textes parce qu'il faut y aller délicatement avec les auteurs, parce que ça prend du temps et parce que le temps on ne l'a pas quand on fait une revue qui paraît mensuellement.* (J.-Y. Collette)

Le temps disparaît: c'est une autre manière de comprendre le privilège désertifiant accordé à la «nouveauté». Le moderne devient le nouveau, puis le nouveau se confond avec l'actuel. Dès le début, la manière limitée de penser les rapports du moderne et du nouveau portait en germe cette évolution ultérieure:

---

* À la BJ/NBJ, quand une livraison dépasse un certain nombre de pages, elle compte double. Ou triple. De cette manière, on parle gravement, aujourd'hui, de 150 numéros. C'est une constante moderne: quand la pensée recule, les chiffres viennent imiter le contraire de l'inarticulation. Avec *La nouvelle BJ,* on passe à douze, puis à seize numéros par an. On annonce «mille pages» par année. On aurait publié «quatorze mille pages» de «texte» depuis 1965. La critique littéraire affectionne aussi les chiffres quand elle se trouve en panne d'idées. Dans le *Voix et images*, le tableau à double entrée a dû demander de longues heures de travail. Une note (signée) mériterait une place dans une anthologie de la NCQ (Nouvelle critique Québécoise): on y a dressé le compte des «écrivaines» (quatorze pour trente-sept textes) des origines de la littérature québécoise à 1975, avec un détail digne des statistiques de la LNH. La table des matières, pour sa part, respire ce sérieux qu'accorde «la numérotation décimale comme principe d'articulation et surtout la croyance magique que cet élément en soi garantit une meilleure articulation des textes» (W. Moser, dans «Parisianismes», *Études françaises*, automne 1984, p. 35).

> La barre du jour *sera une revue de recherche au sens où toute expérience nouvelle sera d'abord considérée comme telle et non pas dans ses aspects de déjà-vu.* (M. Saint-Pierre, 1969)

> *Vos textes nous sont apparus d'une très haute qualité* [...] *mais ils se tiennent tout au bord d'un certain regard suranné.* (Lettre de refus, 1981-83)

> *Comme vous savez sans doute, notre revue ne se préoccupe que de ce qui est actuel.* (Idem)

> *Je crois dans une certaine mesure que de façon tautologique on pourrait écrire que le nouvel imaginaire de la BJ/NBJ est le nouveau.* (C. Beausoleil)

La vérité sort de la plume de C. Beausoleil toujours un peu plus qu'il ne le croit. Des airs, des manières, une langue de bois, c'est tout ce que cette modernité de la nouveauté peut encore donner. Il faut le lire pour le croire. Certains diront que les grands de *La barre* récoltent ce qu'ils ont semé avec le numéro de *Voix et images*. L'onction d'un chanoine et le sérieux d'une citrouille marient, chez Beausoleil, l'énormité des prétentions à l'indigence des moyens, pour donner, par exemple, ceci, où la modernité vient mourir en poussant le cri du citron sec:

> *Ce fonctionnement autour de certains mots veut permettre une approche même friable du comment cette revue aurait proposé un nouvel imaginaire.*

Tout ça n'empêche pas, bien sûr, de «ne pas se prendre au sérieux», de ne pas répondre présent au lieu de la prise d'autorité. Et quel crime a donc commis Nicole Brossard, pour mériter une critique de C. Malenfant, espèce de docteur Cottard de la modernité:

> *Plus qu'une opposition, me semble s'indiquer ici une tension et se rendre visible la figure de l'oxymoron...*

Ou encore:

> *Sans doute sommes-nous nombreux, aussi fébrile que curieux, à nous retrouver chaque semaine dans telle classe de l'Université de Montréal. Hélène Cixous fait guichet fermé.*

Ah, l'inconscient du texte! Et encore, de Joseph Bonenfant:

> *Maintenant, à la NBJ, le raccourcissement de la distance entre théorie et fiction est maximal; l'écriture neuve [...] se grise d'une nouvelle simplicité chèrement acquise.* (1981)

On pourrait multiplier ces traits, où l'on surprend en quelque sorte l'ignorance dans un charmant déshabillé (J. Gervais parle de «l'innommable des critères relatifs à l'acceptation des textes» pour signifier qu'on n'arrive pas à les définir), mais la charité commande de taire certains «autrement dit» théoriques de la «nouvelle écriture». Ce «dynamisme», lui non plus, ne déparle pas au hasard. On pourrait examiner en détail ces ratés et montrer que chez les théoriciens hommes à la BJ, la modernisation menace toujours de tourner en hystérisation, c'est-à-dire de confondre ses effets avec ceux de l'identification aux femmes. Encore une fois, l'éblouissement BJ réactive un vieux trait canadien-français. Depuis Nelligan, nous n'avons pas manqué d'écrivains fixés à la Mère.

Le féminisme chez soi

Les femmes et le féminisme complètent à la NBJ la chaîne des mimétismes. Le sigle de *La nouvelle barre* singe *nrf*, mais surtout il montre/cèle les initiales de l'auteur le plus important de la revue. Et franchement, pendant que les hommes se dandinent, les femmes font leur marque, et relèvent le niveau — du sérieux, sinon de la qualité. Bonenfant se demande si elles n'étaient pas seules capables d'amener la « fin du formalisme et de certaines influences européennes au profit d'une écriture au féminin proprement québécoise ». C'est en plein ça. Le féminisme à *La barre* fonctionne comme une forme terminale de contre-culture. On a vu comme l'identification de Nicole Brossard à tel auteur français avait été éblouissante. Un tel excès, sans les moyens d'égaler le modèle, préparait logiquement le retournement ébloui — et oublieux — sur « l'Amérique », c'est-à-dire sur soi-même. D'un côté, *La barre* suit comme une ombre le mouvement parisien. *La jeune née* sort à Paris, N. Brossard se demande: « Comment la femme qui utilise quotidiennement les mots peut-elle utiliser le langage qui, phallocratique, joue au départ contre elle? » (1975) Le numéro intitulé *Le corps les mots l'imaginaire* reprend les mots parisiens « militants » du moment, avec la problématique qui vient de se développer à Paris du « geste d'écrire comme un acte » d'intervention et de libération pour une femme. N. Brossard adopte une problématique du « neutre » (Cixous, 1972), d'un « no-body qui éblouit la conscience », puis la récuse comme répressive envers le corps-femme qui écrit sexué (*La jeune née*, 1975). D'un autre côté, cependant, Nicole Brossard pointe le « grand sur-moi français », puis en prend le relais auprès de ses lecteurs, et brouille enfin la trace de ses origines en réalisant un film sur les féministes américaines — lesquelles, il est vrai, en comparaison des françaises, ne donnent pas l'impression d'être inégalables, tant elles concentrent en elles toutes les qualités contre-culturelles de l'inarticulation théorique et de la subjectivité arbitraire.

Faisant allusion à l'époque du séminaire de Cixous, Malenfant dit: « Quelques-uns d'entre nous n'occupent plus exactement la même place sur l'échiquier de la salle de classe. » Les termes galants, pour voiler (car il faut voiler cette lutte) qu'il n'y a que deux places dans la hiérarchie de cette salle! Quoi qu'il en soit, sous cette formule incertaine repose une grande vérité: nous l'aimions tant, ce maîtrereine, que nous voulions prendre sa place. Devenir professeur, c'est un chemin plus ou moins long. Devenir féministe ou américain/e, nettement plus court.

Peut-on parler, avec Louise Dupré, d'un «détournement de la modernité» (1982)? Mieux encore, d'une appropriation? Certaines (encore une mauvaise compréhension d'un discours parisien) ne vont-elles pas jusqu'à définir la modernité comme «un domaine femme»? Le putsch ne va pas sans amnésie, le coup d'identification/flash/autorité portant contre les grands modernes masculins. Ainsi, Barbara Goddard écrit:

> *C'est dans une dislocation du langage par des calembours, des doubles sens, des ellipses, des répétitions,* [...] *des blancs, que s'effectue cette révision radicale, ce renversement du discours linéaire de maîtrise — dont la caractéristique est dite masculine — dans les pages de* La barre du jour. (1983)

Avec le retour d'un «unique référent, le je intime de chacune» (G. Frémont), du «je-ici-maintenant dans ce monde avec les autres» (C. Sabourin), du «n'avoir de thème autre que celui de [sa] propre venue et de [sa] propre écriture» (*Collectif*, 1983), non seulement l'arbitraire subjectif triomphe sans retenue, mais il n'a même plus besoin pour cela d'exercer sa dénégation sur une théorie située hors de sa portée intellectuelle: il est la théorie. Un tour de passe-passe étymologique, et théorie devient rêverie — «puisque théorie en grec veut aussi dire imagination, vision, contemplation, voir des objets qu'on peut concevoir dans l'esprit, les faire se déployer dans l'espace mental» (C. Bayard, 1983). Qu'importe que ce «puisque» soit une trahison du lien logique de causalité, puisque le régime du sens a été «changé». Plus cette écriture manifeste son inarticulation préconceptuelle, et plus, c'est stupéfiant, elle se donne comme «rigoureuse». Gabrielle Frémont parle du «langage précis, net, sans équivoque» de Francine Saillant.

En lisant le texte auquel elle se réfère, on comprend qu'elle veut dire «arbitraire»: il s'y agit de l'exploit des «féministes qui ont frappé dans les reins de la psychanalyse, du marxisme et du syndicalisme» (1983). Arbitraire et rigueur sont confondus. Plus que jamais l'identité fait l'autorité, le «ton» prouve la «thèse»: «Le ton neutre et objectif [d'une Louise Dupré] rend [sa] thèse d'autant plus convaincante et irréfutable.»

Les hommes de la revue applaudissent et en rajoutent, c'est le dernier mimétisme, le plus québécois, de la mère par le fils. À force de concevoir la critique comme un art «réverbérant», ils ont perdu toute ressource critique, mais ni les unes ni les autres ne semblent capables de s'en apercevoir. Pour cela, il leur faudrait, par exemple, un minimum d'astuce analytique. Or ils se sont entendus pour «frapper dans les reins» de la psychanalyse avant d'y avoir compris quelque chose.

Ainsi se boucle le trajet d'une modernité vraiment très d'ici. Le sujet classique est relancé — classique non au sens des exigences intellectuelles ou esthétiques, mais au sens du sujet un, complet, sans écart par rapport à soi, sans l'inconscient freudien ou l'aliénation marxiste. Nicole Brossard a lancé «L'intégrale». Évidemment c'était contre la psychanalyse qui prétend qu'il manque un pénis à la femme; mais c'était aussi se fonder une autorité en se dépêchant de mal comprendre la psychanalyse, et tout de suite en imiter le contraire.

UNE SPÉCIALITÉ

En 1982, à la suite du débat dans Le Devoir *(voir «Crise de glu»), la revue* Possibles *organisa, dans le cadre de ses activités au Salon du Livre de Montréal, une table-ronde:* La spécificité culturelle du Québec: hors-d'œuvre ou question d'actualité. *Avec Lise Bissonnette, Lise Gauvin et Pierre Perrault, je fus invité à spécifier... Ici seulement, dans le réseau des textes, cette composition provocante prend un sens. Je crois même que c'est le travail qui permet le mieux de comprendre la liaison entre la Passion, au sens sacrificiel et tragique, le travestissement, et ce que je viens d'appeler, dans mon analyse de* La barre du jour, *le «mimétisme ébloui».*

Notre table-ronde est annoncée avec cette coquille: «la *spécialité* culturelle du Québec». Cet acte manqué, comme la plupart des actes manqués, est porteur d'une certaine vérité, que j'appréhenderais ainsi: la spécialité culturelle du Québec, c'est sa spécificité culturelle; c'est se demander: «quelle est notre spécificité, quelle est notre différence?»

Notre table-ronde est donc très québécoise, l'exercice d'une spécialité régionale typique, exercice répété depuis des générations (en tous cas, on en a l'impression), toujours d'ailleurs avec le sentiment de la répétition, d'un rite fatigant. Et le sentiment aussi que «cette fois», ce devrait être «la dernière fois».

Ce ne pourrait cependant l'être, la dernière fois, qu'à la condition que notre spécificité culturelle soit assurée. Or c'est parce qu'elle est ébranlée depuis longtemps, ou depuis toujours, par ce qu'on pourrait appeler pour faire vite: notre aliénation culturelle — et parce que nous n'y arrivons pas, ou parce que nous n'y arrivons pas tout à fait, mais presque, seulement presque, que nous demeurons travaillés par cette question de notre spécificité culturelle.

Nous sommes travaillés par elle plus que nous ne la travaillons, c'est-à-dire qu'elle se pose et s'impose en nous; nous la subissons de manière en grande partie passive; même lorsqu'elle est fortement revendicative, elle nous travaille comme une inquiétude, comme une maladie. Nous sommes les patients de notre discours, lui-même maladie, passifs, et qui dit passif peut dire aussi passion. Notre spécificité est notre passion, au double sens du terme. Cette passion, cette souffrance, ce questionnement angoissé allant jusqu'aux lamentations — ou se renversant parfois de manière tout aussi folle (le renversement dans le contraire: une autre spécialité locale) en une revendication orgueilleuse et mégalomane de cette «identité» spécifique — pour en saisir précisément la double nature, j'en parlerai comme d'une hystérie, c'est-à-dire la passion d'un corps traversé par un double courant, déchiré par une tension entre deux pôles — ou, plus subtilement, déchiré entre le déchirement et l'harmonie...

À mon avis, il existe une analogie entre la revendication québécoise d'identité et la revendication féministe d'identité. Une amie du Mouvement de libération de la femme me disait: «Pour la femme, dans la phase phallique, il y a un passage extrêmement paradoxal. Une femme s'élabore et une femme se perd. Accéder à la maturité phallique, pour une femme, c'est à la fois s'élaborer et se perdre. Une femme s'élabore et une femme se perd.» De même, je dirais que si la spécificité culturelle du Québec tient à un questionnement sur la spécificité culturelle du Québec, c'est parce que le Québec se trouve «entre», dans le «pas tout à fait», le «presque». On pourrait dire qu'il se trouve dans cet «entre» culturel parce que la nation québécoise se trouve elle-même *entre* la dépendance du Canadien français et l'indépendance du Québécois. Autrement dit: parce que nous ne sommes pas souverains. C'est tout bêtement vrai, mais il faut comprendre ce que cela implique: être Québécois maintenant, c'est subir une forme nouée, tordue comme le corps de l'hystérique. Tordu entre ce qui est en train de se perdre et de se gagner. En train de se perdre: les simplicités et les vérités du Canadien français. En train de se gagner: une maturité nationale complète, qu'on pourrait appeler «maturité phallo-nationale».

J'entendais, une fois, quelqu'un dire: «J'aimais le Québécois pas trop puissant, un Québécois que sa niaiserie et son ignorance rendaient tendre.» Beaucoup d'hommes, on le sait, décriraient de la même manière la compagne idéale.

Et il est vrai qu'il y a une grande positivité dans l'immaturité, l'enfance, la dépendance, et même la servilité (à la culture américaine il manquerait une grande partie de ce qu'elle est, sans ce qu'ont inventé ses anciens esclaves: le jazz, le blues, et tous leurs développements); la positivité de l'immaturité, c'est la tendresse, la naïveté, le lyrisme, le chant, la fête, la danse, la vulnérabilité plus attentive à l'autre que la force. Ce sont là des qualités vraiment culturelles, spécifiques de l'identité des nègres blancs d'Amérique.

Or c'est cela, et le sentiment d'une vérité de l'être et l'illusion des «racines», qu'on a le sentiment de devoir perdre en accédant à la maturité phallo-nationale, en passant du statut de mineur au statut de majeur. D'où, malheureusement, la tentation du recul, qui fait qu'on revient toujours à la question de notre spécificité. Comme dans l'hystérie.

Le mouvement de maturation québécois s'est toujours accompagné d'une très forte dénégation: «Nous ne sommes pas ceci, pas comme ça, pas comme vous.» Habituellement, il s'agit de la fameuse double négation: «Ni Français, ni Américains. Spécifiquement Québécois.» Or

«Québécois» est le nom d'un mouvement, non celui d'un état, ou d'un être. C'est le nom du mouvement qui fait sortir du Canadien français pour aller vers... Nous en sommes là, dans cet «aller vers...»; en tout cas nous devrions y être. Et dire «spécifiquement Québécois», c'est stopper le mouvement, le figer, et le fixer sur son image dans le miroir, à un instant donné. Refluer vers ce que cette nation allait perdre, et dire que c'était justement cela qu'elle cherchait. D'où la vision de l'accession à l'indépendance comme une fête de «retrouvailles». Nature perdue et retrouvée de l'autrefois, essence de l'âme québécoise s'épousant elle-même.

Cette tendance régressive réelle, où l'on peut voir une des causes de l'échec du référendum, semble parfois justifier ceux qui, ayant passé par-dessus la masse de notre peuple pour s'identifier personnellement à la maturité phallonationale de nos vrais maîtres économiques et politiques, les Canadiens et les Américains, regardent le nationalisme québécois comme une agitation liée à une phase d'immaturité. De même, le «non» des Yvettes, c'est-à-dire des mères canadiennes-françaises traditionnellement obligées de soutenir les défaillances phalliques de leurs hommes et de leurs fils, et se refusant à sanctionner la régression et l'immaturité, était bel et bien «québécois», dans le même sens «spécifique», puisqu'il bouchait la voie à la rupture de notre structure d'immaturité.

Pour finir, je reviens à l'hystérie — à son versant positif. Car s'il est vrai que cette «maladie» est causée par le refus de choisir entre la féminité et la virilité, on peut dire qu'elle exprime un désir de préserver ce que la loi phallique de la «maturité» impose de rejeter, d'un bord ou de l'autre, quand elle prescrit les traits de l'identité sexuelle. Cette indécision, je l'entrevois personnellement, en me faisant toutes les illusions, comme la possibilité québécoise la plus riche. Non plus la double négation de qui jalouse les deux puissances, mais la double affirmation. C'est donc dire aussi: l'ironie, une exquise spécialité québécoise. La maîtrise d'une langue et d'une écriture qui peuvent jouer avec la régression, jouer la régression, pour la maîtriser.

Québec bi-continental, bisexuel, à la fois affirmation et négation de «soi», le jeu du mouvement figé en image.

LE FÉMINISME MASCULIN

À bout de ressort, des hommes jeunes regardent leurs membres arrêtés. Aujourd'hui, plus de raison de croire, d'espérer, d'entreprendre, de protester, de lutter? Il y a peu de temps encore, ils couraient persuadés d'un futur différent en tout, et quand ils en parlaient, la lumière de leurs yeux illuminait le monde.

Comment donc la lutte révolutionnaire a-t-elle perdu son autorité? La lutte anti-autoritaire de nos années 1960 et 1970, sont-ce Reagan et les «nouvelles» droites qui en représentent l'aboutissement inattendu?

Le sentiment du démoniaque fait vaciller celui que l'autorité de la révolte avait longtemps gardé de toute indécision. Avec l'entrain et la foi politiques ont sombré le sens de l'orientation, la claire définition des forces opposées, l'agressivité pour frapper droit et fort. Le sens des coups se divise, chavire, se mord la queue. La dialectique s'effiloche. Des esprits dualistes découvrent qu'un rien les séparait de ce qu'ils haïssaient le plus. Pris de sympathie pour l'ennemi d'hier, on les entend chercher depuis quand leur lutte et celle des camarades s'étaient «trompées» d'enjeux ou d'adversaires. Des ex-felquistes sombrent dans la méditation. Des gauchistes, vieux à quarante ans, traquent à genoux leur «totalitarisme»; ils battent leur coulpe au-delà de Lénine, au-delà de Marx, jusqu'à la Révolution française, et demeurent même incertains si les fascistes argentins n'ont pas raison de déceler à la Renaissance «la source de l'erreur révolutionnaire». La pensée des derniers fidèles suffoque, voudrait s'élever, cherche un promontoire qui échappe au jeu mouvant et d'où l'ensemble puisse être aperçu. Qu'au moins l'histoire relève la lutte désabusée, qu'elle la console avec sa leçon, dans quelle grande série elle n'aura été qu'un moment, dans quel plan était prévu que telle lutte se développerait en couple avec son ennemi... Défaits mais fidèles encore, ils enragent contre l'indifférence ou le cynisme individualistes qui remplacent partout l'idéalisme transformateur. Les *liberals* américains appellent cela *new realism*; c'est la nouvelle astuce, trahir ses convictions et nommer cela gravement «autocritique».

Qui osera prétendre qu'il n'est pas du tout atteint par la révision générale? Plusieurs diront qu'ils n'ont rien répudié; mais ils n'affirment plus leur projet révolutionnaire. Les plus sensibles s'affalent avec un gémissement tiède, un petit cri pas sûr de vouloir appeler à l'aide, plus du tout certain pourquoi. Pour eux, les injures des habiles contre le désordre de l'époque, ou l'adresse rentable des «forts», l'agressive santé n'offrent pas d'issue. Que désiraient-ils de la révolution? Qu'elle les porte au-delà d'eux-mêmes? Qu'elle les reprenne là où leur mère avait laissé l'ouvrage, et les achève? Les doux, ceux qui pleureraient les ententes rompues, ceux que désespèrent l'oubli et l'indifférence, ceux qui sentent la vie s'en aller avec la jeunesse — en ceux-là remonte l'inspiration druidique ou chamanique, le vieux recours surnaturel, l'impatience sacrée, le putsch essentiel des dynasties. Pour la millième fois, on «découvre» le déchirement sacré, on dresse un autel, une Scène. Sacrifier la vieille érection, se tremper dans la Fin, se relever par la célébration de son propre échec — sa tragédie. Mais où trouver la divinité? À qui consacrer aujourd'hui sa castration? Sous quelles bandelettes parfumées, en quel tombeau cacheté faut-il s'enfouir pour ressusciter le troisième jour? Dépecé par Typhon, Osiris pouvait compter sur Isis, qui rapailla ses morceaux, réunit son corps; et pour le phallus, tout à fait perdu chez les poissons, ce fut elle encore qui lui inventa son simulacre en pierre ou en bois, inaltérable désormais. Par elle, le Symbole devint plus fort que l'organe, la Scène plus vraie que nature, et quel Symbole! Mais aujourd'hui, où connaître l'Isis, celle qui préserve la parole de son homme et la rassemble en son intégrité, celle qui lui ouvre toujours l'humide refuge pour de nouvelles gestations, de nouvelles naissances, des virilités toujours relevées et toujours reprises du début? Bien plutôt, quand il l'approche des deux bords à la fois, en père et en fils, l'Isis de ses visions déploie pour l'embrasser des ailes de Chimère, et féroce, et griffue, le castre tant qu'il veut mais ne l'en relève plus.

 L'homme du sacré a plus d'un tour sous la soutane. Une conversion, ces dernières années, a pris l'allure d'un mouvement de masse. Quelques hommes partis en éclaireurs sont rejoints par le grand nombre, l'État même professe le féminisme (puisqu'il faut l'appeler par son nom) officiel. Agenouillés vers la nouvelle audace stupéfiante des femmes, ils ont supplié *de profundis*. Les plus éblouis ont cherché où s'insinuer auprès d'elles contre les autres hommes. On les voit défiler les huit mars, leur troupe débandée, disséminés parmi les femmes. Écoutez-les: ils ont repris à leur compte un discours à peine découvert, ou même seulement deviné et aussitôt «compris». Le féminisme s'entend vite. Et il s'entend bien avec la castration. Chez les sensibles, les dommages sont terribles. On se rassemble en groupe d'hommes, on développe l'acte d'accusation (et non d'analyse) de la «sexualité masculine», on répudie le phallus avec la phallocratie, on n'ose plus bander devant une femme, on entre par erreur dans les toilettes pour dames...

 Inconsciemment, un ressentiment plein de haine se développe contre les femmes.

 La fuite paranoïaque de certains hommes devant les féministes, cela peut aussi bien devenir la fuite dans le féminisme pour échapper à la paranoïa. «Les femmes sont des pièges, qui guettent l'homme de tous côtés, pour l'entraîner dans le domaine exclusif de la finitude. Elles perdent ce qu'elles ont de dangereux, si l'on saute volontairement dans un piège. Mais si on en vient à bout par l'accoutumance, toutes les chausses-trappes féminines s'ouvrent de nouveau.» (Kafka, *Entretiens avec Janouch*) Kafka pensait à l'amour, non au féminisme. Mais le féminisme masculin ressemble à un dévouement amoureux. Les hommes dans la ferveur féministe rappellent les amoureuses masculinistes: ils sacrifient le «moi» pour que le «couple» demeure fidèle à un Eros, une ressource de fusion. D'ailleurs, dans les siècles passés, le féminisme ne fut-il pas une voie masculine, nostalgique des générosités chevaleresques? Plus haut même, l'amour courtois ne peut-il être considéré comme un féminisme primaire, une issue policée, civilisée et civilisatrice, pour échapper aux solutions brutales de la paranoïa? Évidemment, la femme surestimée dans le discours courtois ne s'en est jamais trouvée, dans la réalité, que mieux tenue. L'élévation de la Femme peut marquer au départ un choix sublime et civilisateur; Isis ou Athéna, elle en est même l'emblème; mais l'économie féministe est telle que la marche se fige aussitôt, et que toutes les issues ouvertes par la ferveur première se bouchent d'elles-mêmes. Ou l'homme parvient à se les réapproprier: c'est la forme sociale et culturelle classique, le perfectionnement obsessionnel, la conservation systématique, les codes, les monuments, les ordres qui recouvrent tout. Ou le féminisme dure, comme c'est maintenant le cas, le détour n'en finit plus, et l'homme est repris par la paranoïa; le déséquilibre persiste, l'ouverture ne se maîtrise pas, la castration déborde de la scène et entame le réel. «Où trouver une autorité nette comme la sienne? J'envie la sûreté de ses coups contre le père adossé au phallus.» Faudra-t-il lui envier ce corps — qui résiste maintenant au travestissement? «Ce corps, est-ce un vieux spectre, le noir néant couronné, ou un nouvel ami des œuvres humaines?»

En fait, l'homme échoué dans le féminisme ne se maintient dans la ferveur de sa conversion qu'au prix d'une lutte contre la paranoïa. Une protestation élève en lui une voix toujours plus rancunière, à la mesure de la castration qu'il aura cru devoir s'infliger pour obtenir l'absolution féministe du péché phallique originel. Disons-le, le féministe est un fils: la paranoïa qu'il s'agit d'éviter par la générosité amoureuse ou le sacrifice féministe n'est qu'extension et transfert de la paranoïa filiale — ce mélange amer de désir coupable et du méchant bonheur d'avoir raison dans le reproche.

Dans sa conception des pulsions de mort comme «pulsions par excellence», Freud a posé l'hypothèse que la relation de haine serait «plus ancienne que l'amour». L'amour masculin courtois, en tous cas, apparaît bien comme un programme idéal de dépassement de la haine primitive — mais qui pose des conditions si nombreuses et si contradictoires qu'il ne peut se réaliser. Ces difficiles conditions, il faut remarquer qu'elles reposent presque toutes sur la souplesse des femmes. Et surtout chaque femme, pour son homme, pour le faire homme, doit tenir le rôle de la mère castrée, renoncer à sa force de femme en échange d'un trône illusoire. On a vite reconnu la distribution classique des rôles, la scène culturelle fondatrice: dévaluation du vivant et promotion du symbolique; renforcement de l'opposition des femmes, etc. Autrement dit: organisation des conditions préalables à l'assomption paternelle. Devenir père, la «meilleure» résolution de la paranoïa filiale.

Si l'on pouvait. Parce qu'évidemment cela ne marche pas. Sans doute n'y a-t-il jamais eu de père complet — malgré que nos imaginations modernes se plaisent parfois à le concevoir réalisé à certaines époques et en certains lieux, autour du pouvoir superbe des époques classiques, par exemple, ou chez les peuples à l'histoire lente, qu'on appelle «anhistoriques» justement. Illusions modernes. Il n'y a jamais eu que des pères bricolés, avec toujours une couture à reprendre dans le patchwork symbolique. Jamais de père accompli. Et s'il ne pouvait jamais en être? «Interne à la clôture patriarcale», le féminisme n'est donc pas une entrave à cause seulement du caractère oppressif du patriarcat, mais aussi parce que le patriarcat ne marche pas, parce qu'il ne peut soutenir ses prétentions qu'à grands renforts de leurres, d'arrogance fragile, de croyances aveuglantes. C'est-à-dire au moyen d'une symbolisation idéaliste, métaphysique, non matérialiste. Or, pour toutes sortes de raisons qu'il ne convient pas de développer ici, ces types d'ordre symbolique ne résistent pas à l'existence moderne, aux mélanges des populations, aux libertés individuelles, à la culture de masse, aux perfectionnements et à l'omniprésence techniques. De moins en moins de père qui tienne, fût-il prophète, monarque, républicain, révolutionnaire — ou mort. On dit qu'au Québec «il n'y a plus d'orthodoxe». C'est vrai, son abandon brutal du système catholique, sa proximité avec les États-Unis font du Québec un exemple privilégié de la défection moderne des ordres symboliques. Peut-être n'y a-t-il nulle part ailleurs une société où la fonction de père soit aussi généralement méprisée, méconnue, oubliée, voire forclose. On peut supposer qu'une telle évolution touchera d'autres cultures, qu'elle en touche déjà d'autres, que la modernisation y sera ressentie comme une défection dans la mesure même où la culture en déroute aura été patriarcaliste. La défection moderne de l'ordre symbolique, cela ne signifie pas qu'on ne tente plus de coups de force, de rappels à l'ordre, de restaurations brutales, au contraire. Mais simplement que ceux qui les tentent se soucient de moins en moins de s'assurer d'un fondement symbolique, qu'ils sont de moins en moins «symbolistes». Il semble parfois que la défection moderne nous oriente vers le règne d'un père absolument non symbolique, ou non symbolisé, et très fort, sans autre emblème que le réel même. Évidemment, cela serait justement le Père même. Peut-être, quand ses images éclatent ou se dégradent toutes, le Père même se met-il en place? Peut-être arrivons-nous bientôt au monosymbolisme transcendantal, comme un avènement très sérieux de ce que pressentaient les Hébreux au-delà même de Yahvé, au-delà du non-nom de Dieu, un signifié suprême sans visage et sans nom, sans même le non-nom de «Dieu». Le non-nom du réel. La psychose universelle. Peut-être tous les avatars et avortons patriarcaux n'ont-ils jamais été que de pauvres tentatives pour maîtriser cette dérive, pour fixer l'empire de tel ou tel père afin d'éviter que n'advienne le Père même, l'absolument pas symbolique, le plus du tout sujet aux ratés du symbole? Ou peut-être que s'effrayer de cela, c'est ma dérive moderne? «Réjouissons-nous, Dieu est mort! Certes. Mais s'il n'était qu'enfin mort, enfin Dieu, enfin là?»

Revenons à notre homme féministe, peut-être pas angoissé à ce point, lors de sa conversion dans une sorte de saut extatique. Comme l'écrit C. Lispector: «Une compréhension fulgurante est toujours la révélation d'une incompréhension radicale.» Pour l'homme devenu féministe, le monde a basculé. Il a vu qu'il n'avait jamais vu, ce qui est une manière de voir la tache aveugle dans son propre regard. Il n'arrive pas à limiter sa découverte, les mondes s'ouvrent enfin pour son désir. Certainement, d'abord, c'est une libération. L'amour inonde son cœur, il en répand partout. Et il voudrait bien partager sa découverte avec les femmes.

Essentiellement, la nouvelle relation de désir diffère de l'amour parce qu'elle échapperait à la symbolisation héritée de l'Œdipe, et donc aussi à l'identification imaginaire au père, pour se représenter à partir de la relation de désir des femmes entre elles. Or en réalité, rien ne se passera de cette manière à moins de changements profonds chez les femmes elles-mêmes. La structure œdipienne est telle, en effet, que la conversion féministe, malgré qu'elle s'imagine transformer tous les rapports sexuels, peut au contraire se traduire, dans le cas de rapports non travaillés, par un renforcement de la ligature œdipienne. Ainsi, comme on le sait, la rupture féministe avec l'ordre symbolique patriarcal peut aller jusqu'à la rupture avec tout travail de symbolisation, notamment avec ses formes «intellectuelles», et se limiter à une régression au niveau de l'imaginaire féminin. Or si un nouveau travail de symbolisation n'est pas effectué à partir de la rupture avec la symbolisation patriarcaliste, l'imaginaire féminin qui orientera les rapports des femmes entre elles pourra n'être que ce qu'il a toujours été, c'est-à-dire préœdipien, une préparation à la structuration œdipienne, un imaginaire où se situe la relation d'identification à partir de quoi l'objet se réalise comme objet de concurrence. Même glissement confus chez l'homme: à défaut d'une autre symbolisation, l'adhésion féministe peut n'être qu'une régression identificatoire à la mère. Que la mère soit désormais pour son fils l'objet en tant que femme du désir d'une autre femme, cela signifie que l'homme féministe s'imagine en femme désirée par une femme, et non plus désirée par le père, comme dans l'issue homosexuelle classique d'une identification du fils à la mère. Un homme qui fait la femme pour une autre femme, cela pourrait n'être pas sans effets révolutionnaires, si cela s'analysait à mesure, si cela ne se produisait pas sous une pression féministe, c'est-à-dire dans des conditions qui suscitent la femme dans l'homme comme un objet de concurrence et refoulent la matrice de sa propre différence. Autrement dit, faute d'une symbolisation nouvelle de l'homosexualité féminine, l'homme féministe, à la limite, se produit sous la forme du travesti. Pas nécessairement efféminé ou habillé en femme; le travesti, essentiellement, c'est la scène, l'incarnation même du représentationnel. Dans le cas du féministe, le travestissement sera celui du discours. Évidemment dans la mesure où ce n'est plus la castration de la femme qu'il joue, mais son féminisme phallique, il n'est pas assuré que cet être étrange (certaines appellent cela un *lesboy*) soit viable.

Une autre issue est possible au féminisme masculin, mais elle paraît si difficile, elle demande le concours de conditions si rares et si contradictoires, qu'on peut la croire impossible à réaliser. Il y faut une virilité tranquille assortie des qualités qui découlent d'une mauvaise intégration phallique; la force de ne pas haïr les femmes, de les aimer en homme et non en fils; une sensibilité très développée aux formes opprimées du vivant et à leur appel pour une libération; l'autorité d'un savoir étendu et la souplesse pour saisir toujours cette autorité en défaut; la force surtout de ne pas se dérober à la castration et de ne pas camper sa vie en deçà de ses échéances.

Cette dernière condition pose des difficultés particulières. La «crise moderne», la défection des pères et de leurs ordres se traduit chez les hommes actuels par une belle variété de «choix de vie» régressifs ou pervers qui ont tous en commun d'éluder la castration. À d'autres le loisir d'en dresser le catalogue, de procéder au classement de ces «espèces de classes sociales», comme disait Marcel Mauss pour qualifier les catégories marginales concernées par la magie et son symbolisme inverse de l'ordre officiel. On dirait que la culture se désagrège maintenant à un tel point que chacun devra opérer pour lui-même cette «médiation symbolique» dont la fonction revenait jadis aux quelques êtres étranges qui vivaient en marge de la majorité. À chacun sa sexualité, sa sorcellerie, sa nuit, sa folie. On n'a jamais connu une telle souplesse dans l'assujetissement idéologique. Ce qu'on en retiendra ici, c'est que cette société de la marginalité pour tous promeut les formes des imaginaires «personnels» et ouvre l'époque de ce qu'on pourrait appeler le grand Moi Limité. Limité, parce qu'il ne prétend pas à la paternité, qu'il ne veut rien fonder, diriger ou léguer, surtout pas organiser les liens sociaux (on s'en fout); mais grand, parce que chacun, depuis cette limite, renforce au maximum son moi, au sens où le mirage narcissique qui le soutient s'autorise en soi contre la réalité.

Le féminisme masculin, en tant que régression du symbolique à l'imaginaire, peut n'être qu'un de ces refuges du moi contre la castration. Cependant, le féministe hétérosexuel, on l'a dit, doit lutter contre la paranoïa, c'est-à-dire contre la position sexuelle héritée de l'aliénation œdipienne: désirer l'objet du père, devenir passible de la castration, introjecter lentement ce père phallique et sa réalité sous forme d'idéal du moi. Devenir — au lieu d'«être» en s'imaginant «avoir». Fuir la castration, c'est donc aussi fuir la paternité par crainte de la paranoïa qui menace toute ambition de symbolisation ou de «création». La *paranoïa* comme *jalousie de la fécondité* de l'autre. Et comme crainte d'être soi-même l'œuvre de cet autre. La paranoïa ressortit à la jalousie fondamentale, à l'envie de l'essentielle force — matricielle, créatrice. Une telle appétence ou appréhension ne vient pas au père, à l'homme agissant dans un ordre viril solide, calme, sage (une fiction!). La paranoïa s'immisce avec la castration, elle agite le spectre de la castration essentielle, celle qui emporterait le rapport structurant, par son sexe, un sujet avec la «vérité» ou avec ce qui soutient pour lui «le sens», le nœud génétique de toute symbolisation. Toutes les cultures se racontent des histoires originelles qui expliquent comment la force de créer est passée des femmes vers les hommes, parce que les femmes la maîtrisaient mal, etc. En réalité, ce passage n'est pas sûr, le père n'est pas sûr du tout, les hommes n'ont jamais été tout à fait assurés d'une maîtrise définitive de la fécondité, ils le sont aujourd'hui moins que jamais.

Cela n'est pas par hasard que Lacan a choisi la paranoïa, de préférence aux autres formes de la maladie, dans son étiologie des psychoses. On pourrait en symboliser la genèse par cette question, fondant sur un sujet soudain susceptible de ressentir l'énormité de la question: «Que peut vouloir dire être père?» Question énorme, abyssale, ou ridicule, vide — voilà comment elle apparaît, ici, maintenant, dans la dérive moderne, entre régression et perversion. Par ailleurs, sur le plan économique, la paranoïa, il faut le rappeler, a plusieurs fois été liée par Freud (notamment la forme névrotique de la jalousie amoureuse) à la lutte contre un renforcement des tendances à l'homosexualité. Le cas fameux de la psychose paranoïaque du président Schreber, sur lequel Lacan revient longuement, ne reste-il pas dans toutes les mémoires celui d'un homme chargé du sérieux viril et de la gravité patriarcale les plus lourds, *un juge*, dont l'esprit avait succombé d'abord à cette rêverie que «ce serait une belle chose d'être une femme subissant l'accouplement». Ce n'est pas réduire l'extraordinaire écrit né de son délire que d'en rappeler ici seulement ces «rayons divins» auxquels il ouvre fantasmatiquement son anus, pour la régénération schrébérienne de l'humanité.

L'érotisme anal passif est évidemment le plus incompatible avec l'idéal viril hétérosexuel, l'équivalent d'une abdication, d'une castration, d'une «féminisation». On constate justement chez les «nouveaux homosexuels» (on peut les appeler ainsi, ces jeunes gens qui s'affirment en masse depuis une décennie sous le nom de *gay*; ils composent d'ailleurs une de ces «espèces de classe sociale», la plus nombreuse peut-être dans notre nouvelle société panmarginale) que les jouissances «démentes» de la sodomie passive figurent parmi les raisons essentielles de leur «choix de vie». À les entendre, à les lire, la jouissance anale se représente même comme un équivalent masculin de la fameuse «jouissance féminine» qui excite tant la jalousie paranoïaque des hommes, parce qu'elle semble en rapport, justement, avec un savoir essentiel. Si l'on peut expliquer le transfert, dans la cure analytique, par l'imputation à l'analyste d'en savoir long sur l'inconscient, on peut aussi, par une analogie loin d'être seulement formelle, définir la jalousie masculine devant la jouissance féminine comme une imputation aux femmes d'en savoir long sur le génital et le génétique, c'est-à-dire sur ce qui manque à un homme pour être une femme. C'est le monde classique à l'envers. L'homme qui se prend à ce mirage féministe pourra en effet se «sauver» brutalement par un décollage psychotique.

L'homosexualité est une bien meilleure façon de se

déprendre. Abaisser la défense phallique, ouvrir le verrou du refoulement dont procède la symbolisation phallocentrique, jeter le joug viril: qu'est-ce qu'un «*gay*», sinon un fils en vacances perpétuelles, qui festoie dans sa chair la dispense d'avoir à devenir un sombre père? N'est-ce pas à partir de sa jouissance anale qu'il faudrait comprendre ce que les hommes ont dit de la jouissance des femmes? Les homosexuels masculins ont façonné la «féminité» à bien d'autres points de vue. Et le niveau anal n'est-il pas celui où se fonde le régime métaphorique? Déplacement analogue à celui de l'origine biologique à l'origine symbolique, de la mère au père, du corps au signe, serait-ce par analogie avec la jouissance anale que l'on nous présente la jouissance féminine comme une «défonce»? Après tout, si la jouissance anale se déclenche comme un effondrement subjectif et une perte voluptueuse de la maîtrise, ce n'est pas le cas pour l'orgasme des femmes. Sinon quand elles imitent ce que les hommes en disent. (...)

«SI TU REVIENS AU CANADA...»

Lettre à une amie

Montréal, le 1ᵉʳ juillet 1986

Très chère C...

    Ainsi t'y voilà, toi, née à Saint-Clet, toi la tremblante, la belle fébrile de notre gang au Collège de Valleyfield, tu achèves là-bas, dans Manhattan, ta thèse de doctorat! Et plutôt qu'à New Haven, tu as choisi de vivre là, dans cette ambiance tonique d'affrontements et de chocs. On t'offre un poste de professeur à Montréal, et un poste à Yale! Mais c'est fabuleux! Je n'en reviens pas.
    Tu me demandes ce qu'il faut choisir, le Québec ou les États-Unis. Je vais essayer de répondre à ta question le mieux possible — après tout je suis entré dans la carrière universitaire il y a sept ans, et aussi, et surtout, hélas, revenu dans ce pays il y a sept ans.
    Mais d'abord bravo! Bravo d'avoir tenu! Si tu savais le nombre de gens qui ont laissé tomber leur doctorat, et qui se font croire que cet abandon représente une victoire sur l'intellectualisme. Toi que possède encore la passion d'apprendre, pourrais-tu m'expliquer comment il se fait que des êtres qui à cinq ans, à dix ans désiraient tout connaître, qui à dix-huit ou vingt ans se sont enthousiasmés pour le discours révolté de leur jeune sexualité, en arrivent

autour de vingt-cinq à se poser eux-mêmes comme un trait au-delà de quoi «c'est trop intellectuel»? Crise du savoir: crise du désir?

De la carrière elle-même, je préfère ne rien dire. Je ne la recommande pas en général aux êtres créateurs. Elle se développe comme un cancer aux dépens des facultés créatrices. Mais puisqu'il s'agit de faire le cancer, non le cancéreux...

Ma pauvre C..., je pense surtout à la vie au Québec, c'est d'elle que je voudrais te parler. Il n'y a que ça qui compte: ce qui t'attend si tu reviens au Canada, comme un petit crépuscule tranquille. Comme tu brilles maintenant! À travers ta lettre, je te retrouve, chaude, aiguë, soulevée jusqu'à ta plus grande force par une volonté qui donne sa forme à ton être — au point qu'en dehors de cette volonté qui imprime son rythme à ton travail, tu ne serais plus que le regret nostalgique de toi-même. Demeurer à la hauteur de sa plus grande force, tout le problème est là. C'est une question d'économie — et le décor où notre existence se joue et dont elle reçoit chaque jour sa forme, voilà qui est de toute première importance dans cette économie. Il est difficile en effet de se montrer prodigue de ses forces dans un milieu dominé par l'avarice, ou dans une ville basse et laide, ce qui est une forme d'avarice. J'en ai souvent pris la forme, moi, du regret... je devrais dire du deuil de celui que j'avais été pendant mes années d'études à Paris.

Comme moi jadis, tu travailles toute la journée, et le soir tu sors. Tu retrouves avec ravissement la Cité rayonnante, sa souveraineté ressemble à la tienne. Et tu te dis: «J'y suis, j'y suis toujours». Le retour dans la bouche d'ombre te semble loin, loin. Tu enfiles tes patins à roulettes, tu coiffes ton walkman, et dans Central Park ta course se transforme en célébration de ta liberté et de ton refus de te contenter de moins. Comme il est facile, en traversant Washington Square ou la Place du Panthéon, de s'imaginer qu'on a triomphé de sa naissance.

Tu me parles des hommes new-yorkais, avec lesquels

toute relation commence «naturellement *contre*», de la façon guerrière la plus excitante. Et tu me dis aussi qu'ils te traitent de *slut*, parce que, pour une femme, tu es trop douce, câline, un peu «fille». Dire que dans le temps tu passais pour une dure. Sache que chez nous la course est ouverte entre les hommes et les femmes, à qui prouvera le plus de «féminité». Et on confond évidemment, québécitude oblige, féminité et absence de virilité. Je te préviens, parce que tu m'exprimes d'avance ta répugnance pour le mâle québécois qui passe son temps à se battre la queuelpe... Il n'y a plus une femme ici pour admettre, sinon dans le privé le plus secret, qu'elle désire un homme avec sa virilité. Le croirais-tu, le mot virilité lui-même est devenu ridicule? Nous sommes au vrai pays de Cocagne féministe de ceux qui haïssent la souveraineté sous toutes ses formes.

Il y a six mois, on a élu les libéraux au gouvernement, et le premier ministre a été battu dans son comté. Tu sais que Bourassa n'est pas vraiment mon genre, mais j'ai été écœuré par la jubilation des Québécois. Ils ressentent une véritable excitation de meute avaricieuse à regarder tomber un des leurs qui allait toucher le sommet.

Quand tu reviendras, si tu reviens, ne t'attends pas à une résistance contre ta nouvelle autorité de la part de tous ces ignorants pleins d'«opinions». Autour de toi, adversaires et amis se fondront en une seule masse glauque de gélatine. Il s'élèvera de cette lâcheté un chant de sirène qui t'appellera toi aussi vers l'absence de caractère. Tes ennemis ne se sentiront tels que lorsqu'ils ne se trouveront pas devant toi. Peut-être même seulement s'ils ne t'ont jamais vue. S'ils font ta connaissance, une fois mis en présence de la femme qu'ils auront par exemple attaquée dans un article ou une conversation, ils te regarderont en souriant, comme si leur attaque n'avait pas été pour vrai, mais juste pour rire. Je crois même que tout à coup, sans comprendre ce qui leur arrive, certains regretteront sincèrement de t'avoir attaquée, et te demanderont pardon avec des yeux de petits cochons prêts à se transformer en toutous, et avec toutes les grimaces tordues de la civilité de chez nous. Ici, il ne peut pas y avoir de haine, parce que tout est resté familial; et la haine contre un membre de sa famille, ce n'est jamais que de l'amour renversé dans le contraire.

Tu sais que je fais partie d'une petite revue, *Liberté*. Je dis petite, mais c'est la revue littéraire la plus ancienne et la plus lue au Québec. Cette publication, quoique pétrie d'une gentillesse toute provinciale, passe dans nos campagnes et nos campus pour un ogre de férocité critique, une machine à répandre la médisance antinationale, un repaire de salisseurs enragés contre les projets les plus épanouissants des identités régionales, la mauricienne ou l'estrienne, par exemple, pour citer les plus graves. Il paraît que nous sommes aussi des fossiles, une institution vieillotte dans le genre Académie. Alors nous soulevons l'ire des pseudo-modernes, qui nous reprochent d'écrire comme dans les années cinquante (alors que ce sont eux qui écrivent «comme»...); et nous nous attirons l'excommunication des gens-d'un-seul-livre (en ce moment, *le* livre, c'est Bourdieu et son tranche-baloney institutionnel; imagine-toi donc qu'un zozo bourdieusard m'a reproché de n'avoir pas tenu compte, dans mon analyse de la modernité littéraire québécoise, des «relations objectives entre les agents», et crois-moi, il était sérieux). En réalité, nous ressentons quelque plaisir à jouer le rôle du gâte-sauce, tu te rappelles, comme disait Nietzsche: «celui qui gâte pour chacun le plaisir qu'il prend à son propre parti». Il paraît que nous produisons cet effet-là sur les enthousiastes du sérieux québécois. Mais que notre malice reste donc familiale! Parce qu'elle ne se démène pas depuis une position souveraine, mais intéressée. Il n'y a pas moyen ici de se désintéresser de sa propre malice et de soutenir une hostilité souveraine. D'ailleurs, on n'aime pas la chicane, c'est pourquoi on est si indigent dans le raisonnement. De celui qui accorde sa reconnaissance à la guerre pour jeter quelque lumière dans une situation contradictoire, on pensera qu'il est trop «Européen».

LA PETITE NOIRCEUR

On ne me pardonnerait pas d'exprimer ces idées-là publiquement, et toi-même, si tu énonçais à haute voix ta préférence pour les positions tranchées, fût-ce en compagnie amicale, tu sentirais avec stupéfaction ta voix se désagréger, se ratatiner en voix familiale, et s'aplatir enfin contre la porte blindée du réduit national, où il est écrit: «Chez nous, pension à vie».

Ainsi tu vivras d'abord avec le sentiment de la confusion des esprits, de l'indécision des catégories et des classes, du mélange des états, de l'ambivalence des sentiments, de la lâcheté systématique — toute cette graisse de binne à laquelle certains croient naïvement pouvoir échapper en se consacrant au «virage technologique» — tu sentiras cela t'engluer, tu en souffriras d'abord, puis tu perdras les points de comparaison et tu cesseras finalement de t'en apercevoir à force d'y participer. Pendant les premiers mois, en les sentant fuir tes belles forces bandées par la ville étrangère aux contours fermes — en les sentant diminuer, tu auras des sursauts de poisson jeté sur la plage. Mais à chaque soubresaut tu apercevras d'un peu moins haut l'élément perdu, la chère existence abolie; la poussière du sol natal se collera à tes prunelles et t'obscurcira la vue, jusqu'à ce que tu te dises: «Bof... est-ce vraiment nécessaire de respirer pour vivre? Toutes ces idées sur l'asphyxie ne sont-elles pas bien exagérées, à bien y penser?» Et ce sera comme en été, quand on s'aperçoit que le mois de juillet a passé sans qu'on en profite, et qu'on se dit: «Bof, tant pis, je m'en fous, j'ai hâte à l'hiver», et qu'on regarde sa peau blême en se ronchonnant des rumeurs cancéreuses contre les rayons du soleil. Adieu sans regret à ces villes où l'on risque la Mort. New York, n'est-ce pas l'ivresse de défier l'excès mortel? Alors il te restera toujours, comme à moi, la possibilité de te dire que ces métropoles souveraines, Paris et New York, forment un peu trop l'esprit, qu'elles l'enchaînent et le limitent dans son développement. J'ai poussé à l'extrême ce genre de raisonnement. Je me disais: «à Paris, tout est symbolisé de Charybde en Scylla», j'aimais la formule, et je me promettais au Québec «d'immenses plages d'un imaginaire non symbolisé»... Je cherchais, comme on dit, à faire de nécessité vertu.

J'aime la nature. J'ai cherché de ce côté des raisons d'être ici. Je me suis passionné pour des beautés invisibles aux autres. Ainsi, je m'étais mis en tête d'écrire une monographie sur une espèce d'escargot polymorphe, *cepea nemoralis*, que j'avais découvert dans des fourrés au bord du fleuve. J'en élevais dans mon appartement, avec d'autres que j'avais rapportés de Tunisie et du Mexique. Il me plaisait que l'espèce montréalaise fût plus colorée que les tropicales. Dans mon esprit, cet ouvrage de malacologie devait être sublime par la richesse des nuances dans la description de la coquille, des habitats, des ambiances où prospère l'animal comme de celles qui l'exilent en lui-même sous un sceau de mucus. Nuances délicates aussi dans l'étude du naturaliste en campagne, de son régime alimentaire, son sommeil, sa gaieté fragile, sa psychologie déroutante, ses excès lubriques, sa patience studieuse ou mystique — pour tout dire, de l'économie pulsionnelle du malacologiste québécois. Voilà l'apex d'où, comme d'un nombril chaleureux, devait rayonner sur l'exil du Québécois en terre canadienne une poésie naïve et transfigurative. Car la misère esthétique du Québécois est sans borne. Ou plutôt la borne en est mouvante et sirupeuse, frontière sinueuse en dents de feuille d'érable. Je me proposais qu'un texte sans relâche recouvre Montréal comme un baume, et qu'une poésie nouvelle, d'un genre à la fois parodique et désespéré, d'une sincérité pas dupe et affectueusement ironique, accompagne le philosophe naturaliste dans ses promenades, que celles-ci soient d'un botaniste sur les traces de Marie-Victorin dans la flore étonnante de nos ruelles et de nos parkings, d'un conchyologue égaré aux limnées de l'étang du Parc Lafontaine, ou d'un amateur d'art déco dont la quête à travers Montréal occupa maints circuits de cycliste sur sa selle trop étroite. Oui, l'art déco surtout, quand je m'aperçus que plusieurs édifices en étaient vaguement, je me mis à le rechercher, comme si toute la ville allait enfin par ce style donner un sens à la vie de ses habitants. J'en voyais partout, ce qui te donne assez l'idée de mon désarroi. Je désirais faire de Montréal un lieu *formé*, qui pourrait soutenir la forme de ses habitants, et du Québec un sol où l'enthousiasme naturaliste ne démorde pas un instant, comme sous la mer, rebondissant de merveilles en curiosités, descendant du minuscule caillou à la fleur la plus pauvre pour les relever ensemble avec un attirail de loupes, de lampes, et surtout à l'aide du regard grossissant de l'artiste qui risque sa peau pour embellir le milieu qui le retient prisonnier. Quand j'écris embellir, tu comprends qu'il ne s'agit pas seulement de la beauté plastique, mais de ce qui est esthétique au sens des philosophes, au sens où l'existence se démembrerait sans cette matrice esthétique. Au sens aussi où le nationalisme fut peut-être avant tout un projet esthétique.

Cependant, tout cela, ces préciosités naturalistes et ces délicatesses de cycliste, c'était pour lutter contre la haine. Oui, le supplice esthétique devient vraiment un enfer avec le ressentiment.

Mais enfin, le jour vint où je me dis que ce que Baudelaire a écrit au sujet des Belges pourrait bien exprimer les dégoûts que m'inspiraient les Canadiens. Car... oui... j'allais oublier, il faudra bien te pénétrer de ceci: si tu rentres, ce ne sera pas au Québec, mais au Canada. Le Québec, c'est fini, tu ne trouveras plus un indépendantiste absolument sûr de son coup. Et le Canada, quel ennui! C'est à se demander si ce n'est pas par dégoût que les Québécois ont fait tant de bruit, de 1960 à 1980, par répugnance, leur sang latino-iroquois ne pouvant se résigner à l'équanimité canadienne, qui est en réalité une médiocrité tempérée de prudence et modérée par la crainte de se tromper. Oh, je reconnais que c'est un pays formidable pour tous les réfugiés d'Europe et des pays sous-développés qui en ont assez des contradictions historiques ou économiques. Mais ce qu'on ne peut absolument pas pardonner au Canada, c'est le manque total de génie! Ce qu'il y a d'impardonnable chez les Canadiens, c'est qu'ils nous ressemblent *en pire*. Ils nous renvoient une caricature de l'impuissance québécoise, mais sans saveur, et en anglais!

Je reconnais une exception, un miracle de sublimité: Glenn Gould.

Autrement, écoute, c'est pas possible, tu devrais entendre le discours nationaliste canadien qui a succédé au discours nationaliste québécois. Ça parle de «spécificité canadienne», de «souveraineté culturelle», ça veut préserver «l'identité nationale» (ne ris pas, c'est sérieux). Toutes les grandes questions que les Québécois ont agitées pendant des années, tout ça remonte à la surface dans les discours des ministres canadiens ou dans les pages du *Globe and Mail,* mais comme un troupeau de spectres sans chair, glauques, insipides, réduits à quelques traits grossiers. Oui, c'est le mot qui convient aux Canadiens qui «découvrent», comme des novices, le chemin que les Québécois ont mis vingt ans à parcourir, et qui s'est terminé pour eux en cul-de-sac (notamment à cause de toutes les nuisances canadiennes). Or eux qui s'engagent sur la même voie, mais sans un brin de cette poésie qui donnait au mouvement québécois sa beauté et presque sa vérité, ils voudraient qu'on les y rejoigne, qu'on les aide contre l'impérialisme culturel américain! Alors qu'ils n'ont que leur stupide médiocrité à nous offrir! Grossiers, oui, grossiers et primaires Canadiens! On voit bien maintenant au nom de quelle «ouverture d'esprit» ils ont étouffé le mouvement souverainiste, eux qui démontrent chaque jour leur parfaite immaturité devant cette question. Gros épais de Canada, qui n'a rien voulu comprendre au Québec, qui l'a rabaissé à son niveau, intégré à sa médiocrité, et qui voudrait maintenant nourrir son identité de tout ce que nous avons produit comme beaux textes et belles chansons pendant notre révolte contre lui. Alors je te le dis: non, il ne faut pas supporter ça, il ne faut pas collaborer. Si l'intégration du Québec au Canada se confirme, il faudra partir. Te rappelles-tu, les Québécois se sont-ils assez plaints, avant le référendum, de n'avoir pas de pays, de vivre dans une culture aliénée? Aujourd'hui, il faudrait non seulement renoncer au pays québécois, mais travailler pour cette aliénation canadienne, dans un parfait oubli de toute la gravité de l'enjeu indépendantiste! Travailler pour le Canada! Laisser les Canadiens chanter «Mon pays c'est l'hiver»? Sais-tu ce que ces sangsues déliquescentes des universités ontariennes ont fait de Hubert Aquin? Et ça ne fait que commencer. Non, partir, c'est le dernier recours de l'écrivain contre le Canada.

Il faut avoir honte d'être canadien, et garder fidèlement au Canada notre haine (peut-être même tout à fait incompréhensible à ces blêmes rougeauds). Je souhaiterais exciter le plus d'écrivains possible à l'émigration. Tout ce qui affaiblit et humilie le Canada (ce ne sont pas les occasions qui manquent...) doit nous réjouir. À l'étranger (où la tâche est facilitée par la médiocre estime qu'on ressent pour le peuple capable d'admirer un Trudeau), nous devrons plaider contre le Canada chaque fois que l'occasion s'en présentera. Cette extraordinaire force de persuasion des artistes, des écrivains et des professionnels de la communication en général, auprès des gens cultivés dans les autres pays (nul n'est prophète dans le sien...), nous ne devrons pas manquer une occasion de la faire servir contre le Canada. Il ne tient qu'à nous que le mot «Canada» (quelle agglutination baveuse de syllabes, tu ne trouves pas?) devienne dans tous les pays synonyme de stupidité placide.

Tu devrais entendre ça! L'autre jour à la télévision, par exemple. Il s'agissait d'un pavillon de leur fameuse «Expo» (encore quelque chose de québécois qu'ils ont répété) de Vancouver, où l'on expose des centaines de photos «canadiennes» qui auraient toutes été prises le même jour. Évidemment, on essuyait tout le Canada, d'un grand travers à l'autre, avec ses habitants, tous plus «forts» et authentiques les uns que les autres. Et dans un style... mais un style... le style canadien quoi, abandonné par la providence poétique, un ton «senti» qui rappelle l'ONF des années cinquante, avec de grandiloquentes envolées sur la beauté des rivières... Ah la la... quand on n'est pas Vigneault et qu'on veut chanter le Fraser comme si c'était la Manikouté! Et tout ça traduit de l'anglais dans le français d'Ottawa. À vomir. Toujours est-il qu'à un moment donné on passe par Toronto, puis enfin par Montréal, et qu'est-ce que j'entends? Tu ne le croiras pas: «Métropole d'un Québec qui en a terminé avec sa phase d'affirmation stridente, Montréal est aussi élégante et mystérieuse que Toronto est jeune et viril.» Et moi qui doutais de la validité de mes analyses, tu sais, quand j'ai prétendu que pour le Canadien français l'anglais est une langue virile et le français féminine. Mais ça nous vient des Anglais, cette bêtise! Vont-ils nous y maintenir encore longtemps, dans la posture du travesti? Le plus drôle, si l'on peut dire, c'est que dans la réalité les Canadiens se font mettre complètement par les Américains. Ils veulent garder le Québec comme un homme qui se garde une belle femme, mais ils n'ont même pas donné la preuve qu'ils avaient les moyens de la faire vivre, leur poule française. Leur dollar descend, c'en est comique, comme des couilles qui dégringolent. Quand un homme empêche une femme de se *séparer de lui* (et il n'y a qu'à relire la presse canadienne des années péquistes pour se rendre compte que les Canadiens ont vécu tout le mouvement québécois à travers une angoisse de castration), encore doit-il maîtriser cette économie patriarcale au nom de quoi il lui interdit l'indépendance. Or je n'en finirais pas de dresser la liste de tous les domaines d'activité au Canada où les Américains non seulement dépassent, mais dominent et «possèdent» les Canadiens. Ça fait plaisir à voir. En réalité, ce qui devient de plus en plus clair, c'est que les Canadiens ne jouissent même pas de cette compétence économique que nous serions supposés leur envier. Ils ne savent tout simplement pas développer pour le Canada une économie capitaliste moderne. Immatures et grandiloquents, je te l'ai dit, comme les Québécois d'avant le référendum, mais pissous en plus devant les Américains. Juste pour te faire rire: dernièrement Marcel Masse (je ne sais pas de quoi au juste il est ministre, probablement pas «de la Culture», plutôt «des Communications»; ça doit s'appeler «Culture Canada» ou «Communications et Culture Canada», dans le français d'Ottawa qui a supprimé les articles définis) faisait à la presse une présentation détaillée ayant pour thème «la souveraineté culturelle». Et là, je te recopie un bout du *Devoir* (c'était le 4 mars dernier):

> *Le Canada est le seul pays membre de l'OCDE à occuper avec ses produits culturels «made in Canada» une si maigre partie de son propre marché intérieur: 16% de son marché du livre, 2% du marché du film et 15% du marché du son. Aucun autre pays ne tolérerait une pareille situation, laisse-t-on entendre dans le document de présentation de M. Masse. [...] Le document de M. Masse laisse entendre que le Canada devra adopter un certain nombre de mesures protectionnistes en matière de culture «que les pays européen ont adoptées il y a des dizaines d'années».*

Je t'assure qu'il ne se passera rien du tout, pas de «mesures». Les Canadiens ne sont tout simplement pas capables de donner aux Québécois la protection qu'ils leur ont interdit de se donner eux-mêmes.

Je ne sais plus pourquoi je te raconte tout ça... Peut-être parce que je prépare en ce moment un recueil de mes essais sur le nationalisme québécois et la culture. Alors ta lettre m'a comme replacé moi-même devant la question que tu me poses: partir ou rester là?

Ah, je me rappelle, au temps de mes études à Paris, comme il était impensable que je puisse ne pas rentrer au Québec. Quand je rencontrais des Québécois devenus Français, je les considérais comme des déserteurs. Maintenant que nous ne serons plus Québécois, j'aimerais mieux être Américain que Canadien. Oui, même plutôt Mexicain que Canadien, tellement le Canada représente pour moi le sommet de l'insignifiance historique, culturelle et politique. Que pourrait-on y accomplir de grand? Mon livre sera bourré de naïvetés, et je m'en rends à peine compte, parce que dans ce pays nous sommes condamnés à réinventer perpétuellement le bouton à quatre trous.

Bof, tant pis, ce livre ne sera qu'un dernier sursaut. La question québécoise a été dépassée, peut-être même avant d'avoir pu se poser vraiment, par la question moderne. Les philosophes nous disent: l'époque du Sujet est finie. Si cela est vrai, on peut penser qu'il était inévitable que l'époque de la Révolution tranquille, en autant qu'elle fut aussi l'époque du Sujet québécois, achoppe sur la modernisation, ou sur la modernité. Comme partout. Il n'y a guère que le sujet américain qui subsiste de nos jours, peut-être aussi le sujet juif. Et le français, qui essaye de se maintenir. Malgré les nationalismes et les racismes périodiques, tous trois ont intégré la multinationalité, au lieu de la vivre comme une menace.

Adorno écrivait en 1945: «Il est devenu tout à fait impossible d'habiter» (*Minima moralia*). Il exagérait, comme il se doit. Mais il avait raison à ce moment où le monde entrait dans une grisaille si longue qu'il semblerait, vu d'aujourd'hui, que la poussière des bombes eût mis dix ans à retomber complètement. Adorno se désespérait aussi de ce que «l'effort pour produire quelque chose qui résiste à l'examen devient si important que presque plus personne n'en est encore capable». La difficulté d'écrire est évidemment liée à l'impossibilité d'habiter. Nos logements «sont une gifle donnée à la nostalgie d'une existence indépendante, qui de toute façon n'existe plus». Je ne sais pas ce que tu en penses, mais cette dernière phrase évoque pour moi tout un monde, celui du conformisme des années cinquante, un monde de routine, de cheveux courts, de vêtements sombres et luisants, les premières fibres synthétiques, la période naïve de la société de consommation, le baby boom, la trentaine optimiste de nos parents bien élevés. Tout ce que notre génération turbulente a détesté, plus tard, en déclarant qu'il s'agissait d'un monde où il était «devenu tout à fait impossible d'habiter». Pour nous aussi, il a fallu «rompre avec cette communauté d'intérêts étouffants qu'est la famille», nous évader d'une «architecture fonctionnelle» qui «ne produit que des étuis» n'ayant plus «la moindre relation avec ceux qui les habitent». Notre génération aussi dira, comme Adorno: «Le temps de la maison est passé.» Lui, il constatait avec une sorte de désespoir que la guerre avait fait subir aux villes européennes une dégradation qui coïncidait de toutes façons avec ce que leur eût infligé «l'évolution immanente de la technique». Contre cette fatalité moderne notre génération s'est rebellée. Nous avons voulu nous dégager avec rage du «progrès» en tant qu'il signifie la destruction de la sphère privée; nous avons rejeté la société où la course aux biens de consommation tente péniblement de protéger l'illusion qu'il soit encore possible de posséder quelque chose. Adorno rappelle que Nietzsche écrivait dans *Le gai savoir*: «Il fait même partie de mon bonheur de ne pas être propriétaire.»

Maintenant il semble que notre génération, revenue de sa révolte contre les rapports de propriété, ne désire plus que cela, devenir propriétaire.

Et vois-tu, moi, c'est ce qui me parle encore en faveur du Québec de ces années-là: sa turbulence a coïncidé avec l'époque généreuse de la révolte contre la société de consommation naïve, contre l'optimisme productiviste hérité de la guerre, qui ne se demandait même pas si le monde n'avait été irrémédiablement empoisonné du fait qu'on avait laissé le nazisme se produire. Quand les Québécois parlaient d'identité culturelle, de recherche du pays, ils rêvaient de libération, et ce rêve excessif, surhumain et dangereux rejoignait la révolte des jeunes de tous les pays. Aujourd'hui, nous subissons donc plus qu'une simple répétition canadienne du discours québécois sur la «souveraineté culturelle», la «spécificité», la «fierté», etc. Cela n'est pas seulement insignifiant et «quétaine», mais expressément dépourvu de toute beauté et de toute poésie *parce que* cela ne procède plus d'un rêve de libération, mais d'une idéologie à la disposition de ceux qui, en toute bonne conscience, veulent garder ce qui est à eux. C'est d'ailleurs ce qui a toujours rendu la Fête du Canada si ennuyante: elle exprime la fierté du petit-bourgeois admirant la clôture autour de son bungalow. Dans le genre, la Fête nationale des Québécois commence d'ailleurs à lui faire une rude concurrence.

Je me demande toujours de quoi, au juste, est privée la propriété privée. Je dirais aujourd'hui qu'elle prive de la jeunesse et du courage. Toi qui fais partie de cette folle espèce d'êtres en ébriété qui n'hésitent pas à photographier le soleil avec un flash, je te conseille de ne pas revenir au Canada, de rester à New York. Moi-même, j'ai entrepris des démarches pour émigrer et me débarrasser de cette nationalité qui me répugne historiquement et qui me ridiculise à l'étranger. En voyage, c'est la nationalité favorite des obsédés de la «sécurité» et de ceux qui demandent des «factures séparées». Pour moi, tu le sais puisque nous avons voyagé ensemble, je cache autant que possible ma nationalité canadienne pour ne pas passer pour un épais. Si tout marche comme je l'espère, j'en serai bientôt débarrassé.

(...)

Les textes réunis dans ce volume, ont d'abord paru dans les ouvrages suivants:

«La pensée de Léandre Bergeron», *Liberté*, n° 134, mars-avril 1981. Texte revu.

«Un défilé national», *Liberté*, n° 137, septembre-octobre 1981.

«Les campagnes référendaires» a été diffusé sur CBF-FM, dans la série *Nationalisme et culture*, les 15 et 22 juillet 1982. Recherche: Chantal Paquin; assistance à la production: Louise Vadeboncœur: réalisation: Claude Godin. Transcription: Johanne Lorion et Marie-Josée Sheitoyan. Texte revu.

«Crise de glu», *Le Devoir*, le 26 octobre 1982.

«La peau de Maria», *Québec français*, n° 51, octobre 1983, censuré des mots «sexuels» par la direction de la revue.

«La nuit pour rire», *Liberté*, n° 141, mai-juin 1982, «Faut voir ça?». Texte corrigé.

«Frais de représentation», *Liberté*, n° 138, «Haïr la France?», novembre-décembre 1981.

«Le pas gagné», *Douze essais sur l'avenir du français au Québec*, «Documentation du Conseil de la langue française», n° 14, Éditeur officiel du Québec, 1984.

«Une modernité bien de chez nous», *Liberté*, n° 159, juin 1985.

«Une spécialité», *Possibles*, vol. 7, n° 2, 1983. Texte revu.

«Le féminisme masculin», *Gravida*, n° 1, automne 1980.

«Savoir et sexe» et «Si tu reviens au Canada...» paraissent ici pour la première fois.

TABLE

Savoir et sexe
    dans *Le déclin de l'empire américain*   9

La pensée de Léandre Bergeron   19

Un défilé national
    De la Saint-Jean-Baptiste   29

Nationalisme et culture: les campagnes référendaires
    La campagne du OUI   43
    La campagne du NON   53

Crise de glu
    De la spécificité québécoise   65

La peau de Maria
    Sur *Maria Chapdelaine* de Gilles Carle   73

La nuit pour rire
    Sur *Chez Denise*   83

Frais de représentation
    Du Québec et de la France   95

Le pas gagné
    De l'avenir du français au Québec   119

Une modernité bien de chez nous
    La barre du jour   141

Une spécialité   173

Le féminisme masculin   179

« Si tu reviens au Canada... »
    Lettre à une amie   191

Dans la collection «Papiers collés»
dirigée par François Ricard

Gilles Archambault, *Le regard oblique*
André Belleau, *Surprendre les voix*
Lise Bissonnette, *La passion du présent*
Lysiane Gagnon, *Chroniques politiques*
Jacques Godbout, *Le murmure marchand*
Jean-Paul L'Allier, *Les années qui viennent*
François Ricard, *La littérature contre elle-même*
Pierre Vadeboncoeur, *Essais inactuels*

Photocomposition et mise en pages
Helvetigraf, Québec

Ce deuxième tirage
a été achevé d'imprimer
en février 1988
par les travailleurs des
Éditions Marquis
à Montmagny